Si mes chats étaient contés...

Données de catalogage avant publication (Canada)

Makarewicz, Ina
Si mes chats étaient contés...
(Collection PARCOURS)
ISBN 2-7604-0388-2
1. Chats. 2. Chats — Anecdotes. I. Titre.
II Collection: Collection Parcours (Stanké)
SF442.M34 1991   636.8   C91-966639-7

Illustrations, conception graphique: Olivier Lasser

ISBN   2-7604-0388-2

Dépôt légal: troisième trimestre 1991

IMPRIMÉ AU QUÉBEC (CANADA)

Ina Makarewicz

Si mes chats étaient contés...

Histoires vraies
de vrais chats

COLLECTION
PARCOURS
Josette Ghedin Stanké

Stanké

À mes deux filles Maya et Alicia
...et à leurs six chats.

«À fréquenter le chat,
on ne risque que de s'enrichir.»

Colette
Les vrilles de la vigne

Note de la directrice de collection

Un amour de chat n'arrive qu'une fois. Comme un amour d'homme, ou de femme, unique, géant, prédestiné, en lequel tout de notre être est révélé. Les autres sont des brouillons ou seront de fausses représentations... Mais, Dieu merci! ils existent.

Elle est tombée des nues, en juin 1986, dans ce paradis bahamien au nom d'Eleuthera, qui veut dire «liberté». Un cri intense et cependant pudique m'alerta... Je cherchai un oiseau blessé, je trouvai un chat.

Peu après, je compris que, chaton abandonné, au moment où le miaulement de sa mère aurait dû l'imprégner, c'est du héron qu'elle avait appris son langage de bébé. Elle ne le perdit jamais.

Cette si minuscule et si frêle chose à mes pieds reçut d'emblée tout l'amour que je pouvais donner et je le sus dans l'instant lorsque, en la câlinant, je lui remis le nom que je tenais de l'homme aimé: Tatou.

Dévorée par les parasites, à bout de survie dans cette jungle dévorante, assoiffée, décharnée, elle était à ce point limite où elle s'offrait aux deux possibles: l'un, la mort, et l'autre, la grâce d'être encore. C'était ce qu'elle osait mendier ce jour-là. Touché! J'étais celle qui la reconnaissait, celle qui savait de quoi il s'agissait et qui ne demandait qu'à la sauver.

Dès l'abord, je sus que Tatou et moi ce serait pour la vie.

Ce fut une des deux Rencontres de mon existence. Des répliques l'une de l'autre. Dans les deux cas, tout se plaça pour s'installer dans l'éternité. Les dés étant joués, il ne restait qu'à exaucer.

Je me rends compte, d'expérience, combien nos grandes amours, à qui soient-elles destinées, même à un chat, sont nos métaphores pour rejouer le passé. Nous transférons l'appris, nous répétons l'essence et le sens de nos premiers liens de toute manière imparfaits puisque humains. L'autre, sans le vouloir ni même le savoir, est notre miroir pour nous y refléter, obligé d'y retrouver ce qui en nous est resté noué par nos histoires inachevées.

Nous n'aimons jamais innocemment. Pas n'importe quel homme ou femme. Pas n'importe quel chat. Quelque part en soi veille une prescience qui nous fait chuter sur l'être qui possède tous les talents pour remettre en scène notre vieux scénario.

Tatou abandonnée, menacée de partout, audacieuse survivante donnée à tous les hasards, offerte à tous les risques, me rappelait quelqu'un que je portais en suffisante inconscience. Quelqu'un à retrouver. Elle fut, durant toute notre vie commune, le substitut analogique de mon enfant intérieur que, à travers notre relation d'amour, j'appris à rencontrer.

Sans discours, sans réserve, sans mélange, Tatou sut faire passer de ses yeux d'or aux miens d'ébène son amour total, sa misère de créature terrestre et ses ravissements de chatte choyée. Je ne pense pas - suis-je affreusement prétentieuse? - qu'il arriva une seule fois où nous ne nous comprîmes pas.

Très tôt, je sus que son passage serait court, ce qui m'insufflait l'obligation indiscutable d'être là, donnée au présent. Non pas qu'elle fut malade, mais je la sentais fragile, marquée comme je l'étais par les pertes de l'enfance. Ceux que j'aime doivent mourir. En réaction, j'affinais une pleine écoute des désirs, des malaises de Tatou, pour qu'elle vive si je savais y répondre. Comme avec ma grand-mère. Avec pas plus de succès d'ailleurs. Tatou ne dépasserait pas son troisième anniversaire.

Trois années de bonheur clair, d'esprit d'enfance, de plaisir ludique, de complicité totale exprimée dans des câlins sans fin.

Tatou fut brusquement atteinte de leucémie galopante. Sans préavis autre que mon appréhension chronique héritée de mon histoire, pour la première fois j'osais être envahie par le deuil. Pour la première fois je pleurais de perdre l'aimée. Tatou me délivrait de tant de sanglots ingurgités. Je ne croyais pas survivre à ce monstrueux chagrin.

Le deuil dure. Je n'ai pas encore les mots pour l'épitaphe. Tatou est encore dans ma chair, là où c'est si dense qu'il n'y a que les larmes et les images pour alléger. Tatou fut l'amour le plus respectueux de soi et de l'autre que j'ai jamais connu.

Mes deux chattes actuelles n'ont pu me consoler. Tatou est irremplaçable.

Que ceux qui me condamnent fassent un peu silence. Qu'y a-t-il en trop ou en manque chez les humains qui les empêche de connaître ce dont les amoureux des bêtes témoignent? Puisque nous avons apprivoisé les chats, n'en sommes-nous pas les gardiens reconnaissants et responsables?

Heureusement, des humains prennent à cœur la vie de chat et l'accompagnent avec soin et tendresse.

Ina Makarewicz est empreinte d'affection envers la race féline. Elle traite les chats en êtres à part entière. Elle sait faire transparaître leurs personnalités singulières. Tous ses chats, tellement chats, sont de réels personnages et, ce qui est plus troublant encore, c'est l'intelligence et la manière qu'a l'auteur d'être leur adorable serviteur.

Josette Ghedin Stanké

Les principaux personnages

Minouche

Lucyfon

Blanche

Tasha

Loulou

Patrick

CHAT-PITRE 1

Minouche l'aristochatte

Minouche, c'est ma chatte, dix-huit ans sous peu, pelage noir et blanc, poil court, soyeux au toucher. Il y a des chats de soie, des chats de velours, des chats de laine: Minouche, elle, est soie. Aujourd'hui, à l'âge qu'elle a, son dos noir et lustré s'est parsemé de légers fils d'argent. Son principal attrait ce sont ses yeux, son regard, et leurs mille expressions subtiles, parlantes, aimantes.

Minouche, c'est dix-huit années d'entente parfaite, de tendresse réciproque, de présence constante, de joies partagées, de caresses données et de ronrons reçus.

Elle avait dix semaines lorsqu'elle arriva chez nous. J'ai souvent pensé à sa première enfance. Quels furent le matou et la chatte, ses parents? Quelle langue humaine a-t-elle entendue à sa naissance? Vaines questions, mystères qu'elle ne m'a jamais révélés... Peut-être ceux qui l'ont laissée dans une boutique d'animaux, un jour de juin, se sont-ils questionnés sur l'avenir de celle qu'ils ont vu naître?

À cet âge, un chaton — curieux, fureteur, enjoué... et affamé — s'ajuste avec aisance à l'univers qu'on lui offre. L'été s'épanouit. Un jardin clos, tranquille, l'accueille. Un essaim de petites filles l'entoure (nos deux enfants, leurs amies, leurs camarades). Et moi, la personne qui prendra tout spécialement soin d'elle — dommage que Minouche ne s'en rende pas compte encore — je suis emplie déjà de tendre disponibilité, de savoir-faire et de douce fermeté envers elle.

Avec un tel bébé dans la maison, certaines précautions s'imposent. Les rideaux disparaissent des fenêtres, les meubles se couvrent de housses épaisses, les gros pots de plantes sont recouverts de grillage. À la clinique vétérinaire, la nouvelle arrivée est examinée, vaccinée et, le temps venu, opérée.

Loulou — qui venait de nous quitter à l'âge de seize ans — s'était acquis au cours des ans de nombreux privilèges. Ceux-ci sont d'emblée offerts à Minouche, entre autres l'autorisation de dormir avec nous, sur notre lit. Mais voilà, les chats, même tout petits, sont méfiants, secrets, prudents, lents à accorder leur confiance, voire leur affection. Le soir venu, Minouche insiste qu'on la laisse descendre au sous-sol. Pour la nuit, elle choisit la solitude. L'homme propose, le chat dispose.

On la laisse au sous-sol pour quelques semaines. Un jour, elle décide d'elle-même de s'installer pour la nuit sur le sofa du salon... et des semaines passent encore. Vient un moment où enfin elle se hasarde dans notre chambre, choisit le fauteuil — sur lequel je m'empresse de lui aménager un nid douillet — à proximité de notre lit. Des semaines s'écoulent de la sorte. Minouche pondère sans doute le pour et le contre d'une intimité plus directe avec ces humains qui semblent vouloir lui offrir le meilleur. Finalement, le moment arrive, que j'attendais depuis des mois: elle saute sur notre lit, se blottit contre moi, chaude, douce, ronronnante. Elle restera à cette place durant de longues, très longues années.

Un chat c'est un chat

J'ai toujours dit, d'après mon expérience (mais peut-on parler d'expérience quand il s'agit d'eux? — chacun est si différent des autres), que pendant ses trois premières années le chat est un chat, sans plus. Plaisant, fidèle à son foyer, propre, respectueux des règles de discipline, inculquées à coups de petites fessées s'il le faut. Ces grandes lignes de conduite pour nos chats sont celles-ci: tous les comptoirs de cuisine sont interdits, de même que la table où l'on prend nos repas, et surtout la cuisinière. Deux ou trois fois il est nécessaire de réagir fortement lorsqu'on surprend le chat à l'endroit défendu. Ensuite c'est réglé, il a définitivement compris les limites qu'on lui impose, et son amour-propre — si vif chez ces félins — le gardera scrupuleusement soumis aux ordres reçus.

Il m'est souvent arrivé de laisser, sur le comptoir de la cuisine, du poisson finissant de décongeler, de la viande destinée à tiédir avant la cuisson, et de partir tranquillement faire mes courses. Les chats, par leur vif odorat toujours renseignés sur nos activités culinaires, ne semblaient nullement perturbés par cet état de choses. Tout ce qui se passe dans la zone interdite paraît être comme en dehors de leur univers. Si j'y suis, poisson et viande les amènent invariablement à la cuisine, et je ne déçois jamais leurs expectatives. Loulou, lui, dans des circonstances analogues, montait la garde auprès du comptoir et, dès que j'apparaissais à l'entrée, ses revendications bruyantes me signifiaient qu'il savait très bien ce qui s'y trouvait et qu'il entendait y goûter au plus vite. Comment ne pas récompenser une telle loyauté ou décevoir une telle confiance?

Un chat pardeur

Je me souviens d'un incident cocasse. Un jour où mon rôti était sur le comptoir, le chat des voisins — baptisé par nous Cygan (approximativement «larron» en polonais) —, qui avait ses entrées libres dans notre maison, vint faire son tour. Au moment de commencer à apprêter le repas, je constate avec horreur la disparition de la viande. Devinant l'identité du coupable, je cherche mon bien partout, même jusque autour de la maison des voisins en cause, ne voulant pas que ma viande pourrisse à leur porte. Je reviens bredouille. Ne restait plus qu'à modifier le menu à la dernière minute pour cause d'imprévisibles circonstances.

Le lendemain, Cygan vient faire son tour routinier. Je décide de le suivre. Il descend droit au sous-sol, se glisse sous une vieille commode reléguée près de la fournaise, et de cette cachette de lui seul connue retire mon rôti de la veille dans le but évident de s'en régaler.

Je ne l'ai pas puni, je ne me considère responsable que des mœurs de mes propres chats. Au contraire, nous avons tous bien ri de son astuce. Tout jeune, Cygan avait coutume d'emporter les jouets de nos chats jusque chez lui, et ils m'étaient restitués par la suite.

C'est chat et pas chat

Nos chats, disais-je, ont toujours respecté les règles que je leur imposais. Comme à toute règle, bien sûr, il y eut des exceptions. Mon exception s'appelait Lucyfon. Ce chat-là agissait selon mes désirs quand j'étais présente, et selon les siens quand je n'y étais pas.

Un jour, à mon retour à la maison, Minouche, qui n'aimait guère Lucyfon, me regarde intensément avec ces yeux «qui veulent dire quelque chose», regarde Lucyfon, puis me regarde à nouveau avec insistance, les oreilles aplaties en signe de culpabilité. Voilà, me dis-je, Lucyfon s'est rendu coupable de quelque chose de terrible et elle veut me le signaler. Je crois deviner la nature du délit: sur la surface polie de la cuisinière je constate des marques de pattes. Je prends Lucyfon par la peau du cou — colère oblige —, je le porte sur l'emplacement du crime et lui administre une fessée, plus pour impressionner Minouche que Lucyfon lui-même. Je sais que, fessée ou pas, ce chat n'en fera jamais qu'à sa tête. Minouche, elle, se rengorge, contente d'avoir rapporté le coupable, contente de voir le détesté Lucyfon puni grâce à elle.

Tout en interdisant catégoriquement à nos chats l'accès aux aires d'activités culinaires, je leur permets toutefois de satisfaire leur curiosité légitime: de temps en temps, je prends chacun d'eux dans mes bras et leur laisse examiner à loisir toute cette sphère défendue. Ils aiment ces promenades investigatrices. On ouvre même les armoires, le réfrigérateur, les tiroirs. Quelles découvertes! Que de passionnantes randonnées ai-je faites avec l'un ou l'autre de nos chats perché sur mon épaule — surtout l'hiver, confinés comme ils le sont à l'intérieur — à examiner les garde-robes, les rayons de la bibliothèque, les pièces de débarras. Je leur offrais du Disney-land pour chats!

Le second interdit est la défense absolue de faire ses griffes sur les meubles. Chez nous, le dos d'un vieux fauteuil est destiné à cet effet. Il est relativement facile de faire comprendre au chat que l'un est permis, les autres défendus. L'herbe odorante dont il raffole, frottée au dos du fauteuil, accélère notablement le processus de compréhension. À plusieurs reprises, j'ai dû recouvrir ce vieux fauteuil de tissu neuf, tout en laissant son dos usé tel quel, puisque propriété privée. Chaque fois, Minouche la scrupuleuse, remarquant l'aspect différent du fauteuil, me questionnait du regard, ses deux pattes déjà appuyées sur l'envers du dossier, se demandant si c'était encore permis.

Bien sûr, il y avait un délinquant: Lucyfon. Les meubles sont interdits pour se faire les griffes? C'est donc la bande de caoutchouc autour de la porte du réfrigérateur qui fera son affaire! Lui seul, de tous nos chats, avait élu cette étroite lisière de caoutchouc pour le plaisir de ses griffes. Avec le départ de Lucyfon, il fallut la remplacer car, pleine de trous, elle ne pouvait plus faire office d'isolant.

Une autre règle inculquée à tous nos félins est de ne pas importuner nos écureuils. Nous avons toujours eu des écureuils apprivoisés nichant dans des maisonnettes fixées à nos arbres à leur intention. Au début, chacun de nos chats a mal pris cet ordre insolite. Ce sont nos écureuils eux-mêmes, par leur comportement naturel et sans crainte, qui ont calmé l'instinctive inclination des chats à les pourchasser, à essayer de les attraper, sans jamais y réussir d'ailleurs.

Parfois chat va mal

Dans son jeune âge, Minouche a eu deux accidents, dont les suites ont sans doute contribué à développer cette dépendance qu'elle a toujours gardée à mon égard.

À l'âge d'un an, elle s'était fracturé la patte avant droite et avait dû garder un plâtre pendant six semaines. C'était le plein été. Impossible de lui permettre de sortir seule, ce qui la rendait terriblement frustrée. Pour compenser quelque peu, je la promenais perchée sur mon épaule dans notre jardin, à l'aube et encore tard le soir (depuis, elle a gardé l'habitude de bondir sur mon épaule pour se faire promener). Nous marchions en silence, elle attentive à tout, les oreilles frémissantes, les narines dilatées, entendant des sons à elle seule perceptibles, humant la nature épanouie par l'été. Dans l'après-midi, sur le gazon sec de toute rosée, je la laissais boitiller autour de mon siège de jardin. Si elle s'éloignait trop, je la rappelais. D'habitude, elle obéissait. Une fois, pourtant, elle se glissa sous la clôture et partit dans le jardin voisin. Handicapée comme elle l'était, je ne voulais pas la perdre de vue. Comme elle s'obstinait à aller de l'avant, j'allai la chercher, montrai mon mécontentement, et nous rentrâmes aussitôt. La leçon profita: les semaines suivantes elle se tint près de moi, et l'été passa sans trop de frustration.

Deux ans plus tard, elle eut une très mauvaise fracture dans l'articulation de sa patte gauche. À l'endroit de sa peau arrachée, elle eut une infection qui nécessita antibiotiques et séjour à la clinique. Son immobilisation lui fit revivre la même dépendance. Depuis, elle boite légèrement mais ne souffre pas, elle court, saute et grimpe aux arbres sans inconvénient.

Et puis chat va mieux

Au cours de son premier été, Minouche prit la manie de cueillir des trésors du jardin et de les rapporter: guêpes, libellules, papillons de nuit, mais surtout vers de terre. Sous la table de la salle à manger, sur la moquette, ceux-ci se multipliaient jour après jour et d'heure en heure. Que faire? Attendre que cette phase normale de développement passe... Plus tard, les vers émigrèrent sur le paillasson du perron — et finalement perdirent tout intérêt pour elle. L'âge venant, ce sont les oiseaux qu'elle convoite.

Minouche aime sortir, l'été, à quatre heures du matin, par la fenêtre de notre chambre, d'où une planche à traverses lui sert d'escalier extérieur. Elle ne rentre que deux ou trois minutes avant la sonnerie du réveil, ponctuellement. Il lui a été interdit de nous réveiller plus tôt.

Pourtant, elle s'octroie une exception. Parfois vient du dehors un son rauque, méconnaissable, insistant, qui me tire du sommeil. Minouche se tient là, sous la fenêtre, un oiseau dans la gueule. Il me faut la féliciter, la remercier, lui faire sentir mon admiration pour son exploit. Alors, elle dépose l'oiseau et le laisse s'envoler. Si mon mari, l'une ou l'autre de nos filles, lui prodigue les mêmes marques d'appréciation, cela ne fait pas son affaire. Le cadeau, sans aucun doute, est à moi seule destiné, et c'est seulement mon avis de réception qui satisfait Minouche.

Loulou, lui, avait l'habitude de m'apporter l'oiseau là où je me trouvais, le déposant à mes pieds, vivant. C'était à moi de lui rendre sa liberté. Une fois, les cris de Loulou m'ont attirée dehors: il était aplati de tout son corps sur une énorme prise noire qui se débattait. Il voulait sans doute que j'en sois témoin, avant de la laisser s'évader.

Tous nos chats n'ont pas été d'une pareille délicatesse, au point que nous avions dû, mes filles et moi, installer dans le garage un matériel d'urgence qui remettait d'aplomb ceux des oiseaux qui pouvaient encore être sauvés.

Ce fut lors de son premier plâtre que, avide d'activités compensatoires, Minouche découvrit avec intérêt que la lumière du porche attirait les papillons de nuit. Ils tourbillonnaient en larges essaims autour du lampadaire, ou bien s'agglutinaient contre le panneau d'acajou revêtant le mur. Debout sur la chaise de jardin, appuyée au dossier, elle se tendait vers cette multitude grouillante, le menton tremblotant, la moustache frémissante, en poussant de sourds bégaiements saccadés, signe de convoitise. Parfois, d'un geste habile de sa patte valide, elle immobilisait un papillon contre le panneau, essayait d'en attraper d'autres en plein vol, réussissant parfois, échouant le plus souvent. Un soir où je l'observais, elle mesura instinctivement les possibilités qu'offrirait mon épaule, juste à la hauteur du fourmillement le plus dense. D'un bond souple, comme elle venait récemment d'apprendre à le faire, elle s'y percha et connut dès lors une chasse plus fructueuse. Comme je n'avais pas refusé ma collaboration, Minouche en conclut que ma participation lui serait désormais assurée chaque soir. Avec les moyens sûrs qu'elle possédait déjà de m'imposer ses caprices, elle arriva facilement à ses fins. Je l'aidais à atteindre les papillons convoités, lui présentant moi-même, entre deux doigts, les plus appétissants.

Avec les années, les papillons de nuit se firent plus rares, le fléau des chenilles du début de chaque été devint chose du passé. Cependant, Minouche reste toujours très sensible au mot *cma*, comme à la chose. Si je découvre un papillon par malchance emprisonné, le mot *cma* la fait accourir et retrouver subitement l'excitation et la convoitise de sa jeunesse. Elle se lance avec passion dans la poursuite de cette unique proie jusqu'au succès final. Elle va ensuite se lécher le museau et les pattes, sans hâte, savourant sa chasse au goût de friandise.

Disparues aussi les sauterelles qui faisaient la joie de Loulou. À l'instar de l'insecte, il bondissait, saisissait une touffe d'herbe, la pressait étroitement de ses deux pattes, convaincu de tenir déjà sa victime, tandis que la sauterelle reprenait sa course bondissante juste à côté… Loulou n'abandonnait pas le jeu, ni la certitude de réussir. D'après les sons variés qui suivaient le festin subséquent, il semblerait que ce fut un régal qu'aucun fabricant de nourriture féline n'a encore égalé.

Parlons chat

À l'âge de trois ans, le chat subitement prend conscience — ce fut le cas pour Loulou et pour Minouche — de la personne qui habituellement s'occupe de lui et l'aime et dont il dépend. Sa tendresse éclate alors, qu'il fixe à l'égard de cette personne précisément. Le contact intime est établi. On peut davantage lui demander car il est mûr pour donner toute son affection.

C'est alors que j'ai entrepris d'enseigner systématiquement à Minouche les mots indispensables à notre bonne entente dans la vie quotidienne. Loulou avait eu un vaste vocabulaire, saisissant rapidement le sens des mots: je n'en espérais pas moins de Minouche.

Généralement, nous parlons polonais à la maison et nous nous adressons toujours dans cette langue à nos chats. Elle compte beaucoup de sons chuintants qui leur plaisent particulièrement. Minouche — qui devient Minouchka, Minola, Minolka, Minoletchka — a toujours été fascinée par les mots, par notre parler. Dans le doute au sujet de quelque chose la concernant directement, elle s'attend à une explication, à une réassurance verbale. Je la vois alors comme posant une question, à laquelle il faut absolument répondre.

Son vocabulaire devint plus étendu que celui de Loulou ne l'avait été. Avec les substantifs et les verbes qui lui devenaient familiers, je formais des phrases simples qu'elle saisissait habituellement sans problème. Parfois, son regard troublé me convoyait son incompréhension: je répétais, lentement, distinctement, et une lumière de contentement s'allumait dans ses yeux lorsqu'elle captait le message transmis. Aujourd'hui, en nous entendant parler, parfois elle saisit des bouts de phrases qui sonnent familièrement. Alors elle nous regarde, les oreilles basses, et intervient par de petits miaulements courts, saccadés: elle est si touchante dans sa manière de participer à notre conversation!

Dans l'entrée, sous un tabouret qui s'y trouve, il y a toujours une vieille serviette-éponge propre, pliée en quatre. Elle fait office de paillasson pour nos chats. Le chat qui rentre du dehors passe sous le tabouret, piétine un peu la serviette, et alors seulement est admis dans la maison. Parfois, pressé ou distrait, il oublie le rituel, alors l'impérieuse injonction: «Les pattes!» lui rappelle son obligation. Minouche, très consciencieuse de nature, le fait chaque fois sans défaut. Sa particularité est de le faire aussi bien en sortant qu'en rentrant. Je n'ai jamais entrepris de lui expliquer la différence...

Pas si bête que chat

À six ans, le chat devient vraiment intéressant à maints égards. À dix, encore davantage: la maturité lui va bien. À quinze, il est passionnant pour qui sait l'observer, le côtoyer, l'aimer. De plus en plus subtil, comprenant mieux notre langage, sensible à la vie ambiante, il est un compagnon de qualité.

Minouche est habitée par la joie de vivre. Belle ou mauvaise saison, pluie ou soleil, elle sait tirer le maximum de chaque occasion qui se présente. Elle va droit au meilleur rayon pour s'y chauffer, au coussin le plus douillet pour s'y blottir, elle détecte chaque moment de ma disponibilité pour en jouir. Je lui trouve une expression souriante presque constante.

D'autre part, elle est disciplinée. Elle saisit vite chaque directive nouvelle et s'y conforme docilement. Par exemple, si on veut faire la grasse matinée, il suffit de lui dire fermement, lorsqu'on la fait sortir, l'été à quatre heures, de ne pas rentrer par la fenêtre, d'attendre à la porte en avant (il y a là tout pour son confort: chaises avec coussins, carpettes au sol), car on veut dormir. Les mots *fenêtre, porte, attendre, dormir* lui sont familiers. Elle attendra le temps qu'il faut, patiemment. Je lui sais toujours gré de cette compréhension rapide, de cette obéissance douce.

Elle est si facile à vivre. Lorsque, au milieu de la nuit, la fraîcheur me fait ajouter une couverture, je lui explique — à voix basse — ce que je m'apprête à faire. Posant d'abord un pan de la couette sur un coin du lit, je dis: «Passe ici, Minouche.» Elle se lève aussitôt et se pose sur le coin où s'étale déjà la nouvelle couverture. J'étends alors l'autre partie, et Minouche retourne à sa place première. Même manège à l'inverse si je veux retirer la couverture.

Elle sait avec exactitude ce qu'elle veut. La plupart du temps, je la comprends sans difficulté parce qu'elle s'exprime ouvertement.

Un jour de panne électrique, alors que la maison se refroidissait, Minouche vient vers moi avec l'air concentré et important que je lui connais bien. Elle attire mon attention en miaulant à coups répétés. «Montre-moi ce que tu veux, Minouche.» Elle me fait la suivre — à chaque deux pas se retournant pour vérifier si je marche derrière — jusque dans la chambre de notre fille aînée, dont le lit est recouvert d'une sorte de peluche épaisse et moelleuse. Elle s'approche du lit, de ses deux mains de chatte saisit le couvre-lit qui retombe jusqu'au sol, et essaye de le soulever, la tête tournée vers moi pour me faire comprendre que mon aide est essentielle. Je soulève le couvre-lit, faisant une sorte de tunnel où elle se faufile aussitôt. Ce monticule au beau milieu du lit où elle se trouve bien au chaud la rend totalement indifférente aux problèmes auxquels font face Hydro-Québec et ses abonnés.

Parfois j'ai plus de mal à comprendre, et elle plus de mal à expliquer.

À la belle saison, Minouche et Tasha, mon autre chatte, s'installent dans leurs chaises de jardin respectives bien coussinées et abritées par un toit (chandail ou veste enveloppant le dessus de la chaise). Ces chaises sont déplacées par nous pour suivre le soleil ou l'ombre, selon qu'il fait frais ou chaud. Si j'oublie de déplacer la sienne, Minouche vient me chercher, me conduit jusqu'à sa chaise pour me faire savoir ce que j'ai à faire. Par un matin d'automne frisquet mais ensoleillé, je confectionnais une pâtisserie à l'intérieur tandis que mon mari balayait les feuilles au dehors. Soudainement, il crie vers moi, parlant de Minouche: «Elle me dit quelque chose avec insistance, et je ne comprends pas.» (Les maris, parfois, ne comprennent pas ce que femme veut, comment pourraient-ils comprendre ce que chatte veut?) «Appelle-la donc et demande-lui.» J'appelle Minouche. Je lui signifie que je suis actuellement très prise et ne peux aller dehors, mais lui demande: «Qu'est-ce que tu veux? Montre-moi ce que tu veux.» Après une légère hésitation... elle me conduit à la chambre à côté, la seule ensoleillée à cette heure. Elle saute sur le divan à moitié baigné de soleil. Elle passe de l'ombre au soleil et du soleil dans l'ombre, et encore et encore, tout en me regardant droit dans les yeux, comme pour me dire: «Mais comprends donc!» De mon côté, je réfléchis. Soleil? «C'est le soleil que tu veux, Minouche? Ta chaise? Ta chaise n'est pas au soleil?» Elle saute du divan, se précipite dehors, visiblement heureuse de me trouver si brillante. Je jette un coup d'œil à sa chaise: effectivement, elle est à l'ombre.

Je suis impressionnée par la façon dont cette chatte a su me transmettre, par analogie, l'idée abstraite de soleil-ombre. Elle est vraiment très, très intelligente, la Minouche.

Lorsque le téléphone sonne et que je suis seule à la maison, Minouche se lève aussitôt de mes genoux pour me permettre de courir répondre. S'il y a quelqu'un d'autre, elle ne bouge pas: c'est à cet autre de prendre l'appel. Parfois, l'après-midi, lorsque ensemble nous faisons la sieste et que le premier coup tinte, Minouche faisant mine de se lever j'interviens:

«Reste, on ne répond pas.» Elle se recouche très calmement et je laisse le téléphone sonner... avec un léger remords que Minouche ne partage sûrement pas.

Des goûts, chat ne se discute pas

En plus de ses deux fractures, une autre crise marqua la vie de Minouche. Ce fut lorsque la société «9 Lives» retira du marché sa préparation de foie, mets préféré de notre chatte depuis toujours. Je crois qu'elle en aimait la consistance très fine, appétissante, et l'arôme de vrai pâté de foie. Voyant que les supermarchés commençaient à en manquer, je devins inquiète. Peu après, un gérant de magasin m'informa que cette spécialité était discontinuée. Je courus de supermarché en supermarché, raflant tout ce qui leur restait, puis je me rabattis sur les petits commerces et les pharmacies, où la demande était moindre.

Entre ces différents approvisionnements, s'il m'arrivait d'en manquer, Minouche refusait obstinément toute autre nourriture. Elle me regardait avec des yeux insistants, quêteurs, en même temps étonnés de mon incompréhension. Le nouveau foie de «9 Lives» — des morceaux de viande durs comme des cailloux baignant dans une sauce blanche — la laissait indifférente.

Prise de court, je dus me déplacer jusqu'en Ontario et même aux États-Unis pour ramener une boîte par-ci, par-là, ce qui avait pour résultat de désorienter Minouche.

Le vétérinaire consulté conseilla d'être «ferme» (conseil prodigué souvent par les vétérinaires, mais sans mode d'emploi, à l'usage des chattes gâtées...), de commencer dès à présent à habituer Minouche à autre chose. Toutes les boîtes de foie des différentes marques défilèrent: Minouche y goûta un peu, fit la difficile et continua à bouder. Le pâté de foie maison, confectionné spécialement à son intention, n'eut pas plus de succès.

Affaiblie, déçue, voire désespérée, elle fit deux infections graves cette année-là et je faillis la perdre... Heureusement, peu après le marché fut inondé de nouvelles marques pour chats, les unes plus coûteuses que les autres, et Minouche la choyée commença à trouver du plaisir à cette nouveauté, à cette abondance, à cette variété, à ces découvertes. Les choses rentrèrent ainsi dans l'ordre.

Cette année-là, nous devions partir en vacances juste au moment de la convalescence de Minouche. Ma fille arriva donc d'Ottawa. Ayant laissé ses propres félins avec un *cat sitter*, elle prodigua ses soins attentifs à une Minouche pas tout à fait remise et encore sous l'effet des antibiotiques. Nous allions, mon mari et moi, à Old Orchard pour une semaine. Après une journée de circulation particulièrement pénible sous une pluie battante qui avait freiné considérablement le flot des vacanciers, à peine arrivés à destination je téléphone à ma fille.

— Minouche refuse de manger?... Elle n'a rien pris de la journée?... Tu dis qu'elle est en bonne forme tout de même?... De ne pas m'inquiéter?... Je verrai...

Le lendemain, après avoir plongé nos chevilles cinq minutes dans l'océan, nous reprenions dare-dare le chemin de la veille, en sens inverse. De nous voir rentrer si vite, Minouche retrouva d'emblée et son appétit, et sa belle humeur, et toute sa santé.

Mon mari n'a jamais eu un mot de reproche touchant ces vacances manquées, et je lui en sais gré. Quant à moi, j'ai dû subir de la part des voisins des remarques et des regards qui, discrètement, doutaient de ma sanité...

Tout chat m'intéresse

Autant Lucyfon aimait les moteurs et Blanche les tâches ménagères, autant Minouche est intellectuelle. Lecture, écriture, papiers de toutes sortes, feuilles volantes, feuilles froissées, journaux épars font ses délices. Pas une lettre écrite sans sa participation, sans ses tentatives répétées pour arrêter le cours du stylo sur le papier, sans sa patte qui s'allonge sur la feuille devant soi.

«Viens, Minouche, on va lire» la fait infailliblement accourir. Fut-elle installée le plus confortablement du monde, même plongée dans le sommeil, elle s'étire aussitôt, calmement se déplace, et la voilà à mes côtés, désireuse de partager notre moment de lecture. Je m'allonge sur le divan, elle prend place sur ma poitrine, scrutant mon visage de ses yeux aimants, ronronnante, heureuse de cette proximité. Quelques mots caressants et, hélas! le livre se glisse en paravent entre elle et moi. Elle tolère la situation durant une dizaine de minutes, après quoi ses soupirs significatifs se font de plus en plus sonores pour me tirer de ma concentration. Si le livre est encore trop captivant, une patte impérieuse abaisse habilement le volume et le minois de Minouche réapparaît devant moi — pour une pause, comme dans nos téléromans. J'avoue que j'apprécie ces pauses-là bien plus que celles que notre télévision nous impose. Finalement, Minouche se lasse de ces intermèdes. La torpeur l'envahit, elle s'installe plus confortablement et sombre dans un profond sommeil, me donnant sa chaude présence et la paix.

Quand nos filles étaient encore à la maison, leurs chambres submergées par un fatras inimaginable de paperasse et de livres absorbaient énormément Minouche. Elles, de leur côté, exerçaient une vigilance constante pour sauver de ses méfaits leurs papiers importants. Traces de pattes, coups de griffes, culbutes brusques sur une feuille impeccable pouvaient ruiner temps et effort investis. Mais aucune d'elles ne se serait avisée de montrer la porte à la coupable...

Dans un autrefois plus romantique, il y avait le temps des cerises. Aujourd'hui, nous avons le temps de l'impôt, temps béni de Minouche et d'elle seule. Le maître de maison, le front soucieux, se penche sur les innombrables T4, T5, documents et reçus, tandis que Minouche foule d'une patte alerte tous ces papiers minutieusement classés et rangés, sans crainte de sévices. Elle seule possède l'art, dans ces heures frustrantes, de dérider son maître, d'amener sur son visage ce que j'appelle le sourire Minouche. Mon mari n'est pas un amoureux inconditionnel des chats, mais Minouche dès le début a su gagner ses grâces. Elle lui en impose par son intelligence, son regard direct, expressif, ses agissements réfléchis et rationnels. Il ne passera pas à côté d'elle sans lui lancer deux mots, d'une voix adoucie par son sourire Minouche. Minouche, quant à elle, voue à son maître une adoration constante et fidèle.

Chatteries

Toute sa vie elle a eu un petit appétit. Manger est pour elle une nécessité sans grand intérêt. Elle aime pourtant les petites gâteries: viande crue, poisson, poulet, jambon. Je ne les lui refuse pas, cela fait son bonheur et le mien. Ce sont ses friandises à elle, son chocolat. Si nous ramenons des restes du restaurant, le mot *cadeau* la fait se précipiter sur mon sac pour y renifler le présent.

Minouche est alléchée par le lait. Bien que celui-ci ait été traditionnellement considéré un régal pour la gent féline, les vétérinaires se montrent aujourd'hui réticents et lui imputent les troubles gastriques. Après le sevrage, le lait est donc généralement éliminé. Pourtant, tous mes chats ont aimé le lait, excepté Blanche. Dans son cas peut-être était-ce une question de couleur plutôt que de goût? Minouche, elle, ne considère sa journée close que si elle a sa portion de lait Carnation ou de crème légère tiède. Je la lui sers juste avant le coucher, dernier rituel de notre journée à toutes les deux, et la lui porte là où elle se trouve, déjà installée pour sa nuit. Il me faut tenir le bol dans ma main, autrement Minouche ne boira pas. Pendant mes absences, elle n'a jamais touché au lait du soir, bien que ma mère le lui présentât selon les rites consacrés. Telle est Minouche, hélas! ou tant mieux! L'avantage pratique de ce lait au coucher est de rendre la nuit du chat plus calme et son sommeil plus profond.

Le lait est aussi très profitable dans les moments de stress: après une visite chez le vétérinaire, un voyage en auto, dans la maladie (autre que gastrique). Lors de ses deux fractures, Minouche en réclamait sans arrêt durant les dix premiers jours suivant l'accident, et je le lui donnais, me fiant à son instinct. Le vétérinaire m'a expliqué par la suite que c'est pendant les dix premiers jours que ses os avaient besoin d'un grand apport de calcium pour se réparer.

Il y a près de dix-huit ans que j'ai ramené d'une boutique cette petite boule soyeuse noire et blanche, enfoncée dans mon fourre-tout. Au terme d'un voyage éprouvant par autobus, puis train de banlieue, puis autobus encore, la boule soyeuse, exténuée, craintive, criant à tue-tête, fut tout de suite calmée par du lait tiède. Je dirais même qu'il l'a réconfortée et a éveillé son optimisme devant l'inconnu qui l'attendait. Assoiffée par les pleurs, les cris et l'effroi, elle l'a lapé avec avidité.

Le thon en boîte des humains est un régal tout spécial pour Minouche comme pour Tasha. Les papilles gustatives du chat sont très subtiles, et j'ai tout lieu de croire que celles des chattes gâtées le sont tout particulièrement. Quand je prépare, le matin, un sandwich au thon pour le casse-croûte de mon mari, les deux chattes s'attendent à y goûter, elles aussi, avec d'autant plus de certitude qu'elles connaissent ma politique de partage. Tasha accourt et Minouche, tendue et dans l'expectative, compte être servie dans son fauteuil. Dans la bousculade des corvées matinales, il m'arrive d'oublier qu'il faut le servir nature à Tasha, et avec mayonnaise à Minouche. S'il y a quiproquo entre ces deux plats, cette dernière examine le sien, constate ce qui y manque et lève vers moi un regard grave, accusateur. Si la portion avec mayonnaise se retrouve devant Tasha, elle renifle, chipote et s'en va, déçue de voir son thon gâté par le goût aigrelet de la sauce.

Une tactique insaisissable de Minouche — et de Loulou — est de laisser expressément cette dernière bouchée, ce petit morceau au beau milieu de l'assiette, et ce uniquement dans le cas d'un régal spécial extrêmement prisé par le chat. J'ai contemplé ce mystère pendant les seize années de l'existence de Loulou, je le contemple depuis dix-huit ans auprès de Minouche, et je ne trouve pas d'explication. Quelle signification, quel symbole cache-t-il? Voilà une énigme de plus entourant encore nos chats, même les mieux connus, même les mieux aimés.

Chacun de nos retours de voyage est pour Minouche un moment très intense. À part la joie des retrouvailles — bien réelle j'ose croire —, c'est l'inspection de nos bagages qui constitue le clou de l'événement. Elle examine nos valises avec une minutie que le plus tatillon des douaniers ne saurait égaler. Son nez de chatte semble lui ouvrir des horizons insoupçonnés, des exhalaisons exotiques, des mondes tout à fait fabuleux.

Mais c'est à notre retour du Maroc que j'ai vu une Minouche nouvelle, littéralement affolée d'extase, se vautrant à n'en plus finir parmi nos effets personnels qu'elle éparpillait sans délicatesse. J'avais lavé sur place presque tout le contenu de nos valises; n'empêche que cette poussière rouge d'Agadir, qui s'incruste partout, pénètre tout, colore tout, était encore présente. J'ai dû laisser l'ensemble de nos effets à la merci de Minouche, qui ne voulait ni s'en éloigner ni me laisser rien soustraire. Son extase marocaine mit deux jours à se calmer, au bout desquels une nouvelle lessive s'avéra plus que jamais indispensable.

Quand nous revenons de l'extérieur de la ville, Minouche examine, renifle longuement, systématiquement, les quatre pneus de notre voiture. Si c'est un trajet en ville que nous avons fait, même distant, cela ne semble pas l'intéresser. Bien des chats, Cygan notamment, ont cette même préoccupation. Je l'ai vu maintes fois absorbé par son inspection, allant d'une roue à l'autre, sans se presser, y mettant toute l'attention voulue. Quelle vocation et quels talents de détectives nos chats recèlent-ils? Je n'ai jamais pu rien apprendre de Minouche à ce sujet, pas plus que d'aucun expert d'ailleurs.

Tyrannies

Avec les années, Minouche est devenue le spécimen parfait de ce que Colette appelle «le chat-tyran». La définition est très juste, mais le mot sonne dur, bien trop dur. Cette tyrannie n'est en somme que la certitude profonde du chat d'être très aimé, la confiante anticipation qu'il lui sera accordé ce qu'il demande, ce qu'il désire, ce dont il a besoin. Nous voilà plus près de l'Évangile que de la tyrannie.

Minouche fait la grasse matinée jusque vers quatorze heures. Pour ce faire, elle exige de moi tout un rituel du coucher; elle doit se prendre pour Néfertiti! Ce rituel est invariable. Elle peut tomber de sommeil, les yeux pleins de fatigue et de reproches, mais elle ne se couchera jamais sans notre cérémonie quotidienne. Tant que les obligations du petit déjeuner familial me tiennent légitimement occupée, elle consent à patienter — avec ostentation. Ou bien elle me surveille de près, postée dans la porte de la cuisine, ou bien elle se tient déjà à côté de sa couchette, tendue, rigide, en attente excédée. Dès que la voiture de mon mari quitte le garage, je suis censée me précipiter vers Minouche. Si je tarde quelque peu, des miaulements stridents (elle a des poumons de cantatrice) vont retentir, inlassables. Quand j'arrive enfin auprès d'elle, aussitôt elle se détend, heureuse, éclatante. Elle commence par pétrir le morceau de peluche Borg roulé à cette fin, le regard perdu droit devant elle. Ensuite, c'est le brossage et les chatteries affectueuses accompagnées de chuchotements tendres, tandis que ses yeux aimants ne me quittent pas. Si je reste intentionnellement muette, sa patte de velours blanc s'étire vers moi, se pose sur ma bouche, et elle me signifie de cette façon que mon silence lui déplaît. Voilà pour son coucher, cérémonial qu'elle me fait répéter après ses repas, et encore avant la nuit.

L'été, Minouche et Tasha restent souvent dehors pour la nuit, chacune dans sa chaise sur le perron. Au début, je vérifiais de temps en temps comment se passait une telle nuit de liberté. Je craignais qu'elles s'éloignent. Les chattes demeurent davantage proches de la maison, tandis que le mâle, même castré, aura un rayon d'activité beaucoup plus vaste.

Par temps très froid, chacune tient à sortir quand même avant la nuit. Je guette. Je crains d'oublier trop longtemps l'une ou l'autre à l'extérieur. Je leur alloue deux ou trois minutes.

Sauf lors de ces deux extrêmes climatiques, elles tiennent à leur promenade nocturne, rituel indispensable pour clore une bonne journée. Toujours approximativement à la même heure, toujours pour un même laps de temps, elles obéissent à leur horloge intérieure qui leur dicte ces agissements, et cette horloge-là n'aime pas être bousculée par les décisions arbitraires des humains.

Si je désire me coucher tôt et ne pas être dérangée par la suite, je dis à Minouche, la laissant libre de ses choix: «Il te faut sortir maintenant, je vais dormir et tout sera fermé. Ou bien tu sors maintenant, ou bien tu restes dormir, toi aussi.»

Elle lève la tête, me regarde, ses yeux me disent qu'elle comprend. Je vois quasiment le déroulement des pensées dans son petit crâne. Je lui dis souvent: «Minouche, tu as le front transparent, je vois tout ce que tu penses.» Cela prend quelques minutes, puis le plus souvent elle se lève à contrecœur, mais veut bien obéir quand même et gagne la porte de sortie. Parfois, après ces quelques instants de réflexion, elle se recouche en boule et continue sa sieste. Mais ces nuits-là, elle me réveille vers trois ou quatre heures, pleine de rancune, me signifiant qu'une sortie lui est due en somme. Je me vois acculée à l'inévitable: par la fenêtre entrouverte je la laisse se glisser vers le froid de l'extérieur, la sommant de revenir vite, le même «Je veux dormir» à l'appui. Obéit-elle ou a-t-elle eu trop froid? Au bout de cinq minutes la revoilà, contente de sa promenade et de moi. Gâtée, la Minouche? Oui, mais c'est parce que je le veux bien. Je sais également qu'un: «Silence, Minouche!» pourrait me dispenser de tout ce dérangement et la garder vraiment silencieuse jusqu'au matin. Je l'ai fait plus d'une fois, mais je n'abuse pas.

Il en va de même lorsque je quitte la maison pour une période de temps prolongée et que la journée est belle et la température douce. Je laisse Minouche décider si elle préfère rester dans la maison ou sortir jusqu'à mon retour. Je le lui dis en utilisant les mots qu'elle comprend, et là encore elle hésite quelques instants, mais le plus souvent choisit d'ignorer son horaire personnel pour éviter de rester enfermée par beau temps. Cette horloge intérieure est bousculée deux fois par année, quand on passe à l'heure avancée de l'été et quand on revient à l'heure normale à l'automne. Il faut faire des concessions aux chats les premiers jours, mais au bout d'une semaine ils s'aperçoivent eux-mêmes que l'horaire de vie est changé, et tout s'ajuste et reprend son rythme.

Quand Minouche est installée sur nos genoux et qu'on désire se lever, on le dit simplement. Si nous étions sur un sofa, elle se place à côté; sur un fauteuil, elle choisit l'accoudoir le temps de nous permettre de partir. Alors, elle se réinstalle avec délices le plus souvent à la place laissée chaude par le déserteur. Il me faut toutefois confesser qu'elle possède un scénario différent: lorsqu'elle est lasse de nos genoux et désire dormir plus à l'aise à la place où l'on est assis, elle lance des œillades tout à fait significatives. Quand on feint de les ignorer, elle vient sur l'accoudoir et émet des miaulements encore plus explicites. Si l'on fait la sourde oreille, elle se glisse entre notre dos et le dossier du siège, s'y love avec insistance, rendant sa position et la nôtre également inconfortables: là on capitule honteusement et la place entière revient à Minouche.

À la lumière de ces expériences, on remarque combien Minouche arrive à ses fins, avec plus d'un tour dans son sac. «Chat-tyran»? Peut-être bien. Parfois, je la vois rôder, me surveiller du coin de l'œil pour me faire déduire qu'elle désire ma compagnie. Si je suis trop occupée pour répondre à ses avances, il lui arrive alors, en toute innocence, de demander à sortir. Elle sait que, avec cette requête, il se trouve aussitôt quelqu'un pour lui ouvrir. Tandis que je me dirige vers la porte, elle me lance alors une œillade pleine de malice, fait volte-face et me précède rapidement là où elle veut me mener. Elle, habituellement si lente, est alors d'une rapidité d'éclair, ne voulant pas risquer de perdre le bénéfice de ma présence, présence due uniquement à sa ruse. Je succombe comme toujours, et vais profiter, sans m'en plaindre, de quelques moments reposants à ronronner avec elle.

Je donne ma langue au chat

J'ai l'oreille friande pour les histoires que les gens à chats partagent avec tant de complaisance. Je sais qu'en général les chats, tout en aimant les cajoleries, ont chacun une démarcation personnelle bien définie entre ces dernières et leur tranquillité qui leur est également essentielle. On reconnaît toujours le moment exact où le chat nous dit: «Assez!» Il le dit subtilement ou sans aucun égard, selon son caractère. Pour Tasha, la limite des caresses — qu'elle apprécie et qui la font ronronner — est d'environ deux minutes, trois au plus. Si l'on dépasse ce temps qu'elle nous alloue, on hérite d'un «pchchit» bruyant et impatienté qui nous repoussera. Minouche semble être une exception en ce domaine, bien qu'elle ne soit pas dénuée d'humeurs.

Un matin, alors que je m'approche d'elle, elle se raidit brusquement. Muscles durcis, regard fixe et lointain, toute son attitude me rejette. Rapide examen de conscience: l'ai-je froissée? Elle est très susceptible, mais pas rancunière. Mystère de chat. Je la laisse. Plus tard le même jour, toujours même attitude de sa part. Cela commence à m'intriguer. J'analyse Minouche: rien d'anormal. Réexamen de conscience de ma part: vraiment rien d'anormal. Je la laisse encore à son humeur inexplicable, que puis-je faire d'autre? Le lendemain, même scénario. Je m'inquiète sérieusement. Je cherche désespérément une cause… et soudain la lumière jaillit: la veille j'ai utilisé pour la première fois une crème de beauté nouvelle dont l'odeur devait sans aucun doute hautement déplaire à son odorat délicat. Je cours aux ablutions, je retourne à ce bon vieux Nivéa que les chats aiment tant lécher sur nos mains, et d'emblée je reconquiers et le cœur et le ronron de Minouche.

Depuis son jeune âge, elle aime qu'on lui explique clairement la marche des choses. Elle déteste les surprises et les imprévus.

Tandis qu'elle est au repos sur un fauteuil, si je m'approche d'elle avec l'aspirateur, son regard m'interroge. Elle sait que parfois je dépoussière les meubles aussi. Je lui dis: «Reste tranquille, je fais seulement le tapis» et elle se replonge sans aucune crainte dans son confort ensommeillé et calme.

Pas touche

Dans sa longue existence, Minouche n'a jamais été même effleurée par une main étrangère: elle ne le permettrait pas. Elle craint et évite habilement toute personne autre que ses familiers. Pour Loulou, Blanche et Tasha, il en fut toujours de même; seul Lucyfon l'original était sociable, et combien! On est souvent porté à conclure qu'un chat craintif est un chat qui a subi de mauvais traitements. Il y a là du vrai, sans aucun doute. Mais, d'expérience, j'ai appris qu'un chat trop dorloté, surprotégé, surveillé de très près, et de surcroît affectivement très attaché à une personne en particulier, perçoit cette personne comme unique, comme un univers à elle seule, sans commune mesure avec les autres humains non chargés des mêmes attributs, qu'il évite instinctivement. J'avoue que j'aime cette intégrité, cette exclusivité, cette appartenance dictée par l'amour. Également, par mesure de sécurité, je suis bien aise de savoir mes chats intouchables. Je me souviens du fils de nos voisins et de son camarade qui un jour ont sonné à notre porte pour demander avec émotion: «Madame, pouvez-vous tenir Loulou pour qu'on puisse le caresser?»

Chat au chaud

Minouche, comme la grande majorité de ses semblables, aime la chaleur. Un de nos conduits d'air chaud passe par la garde-robe de l'une des chambres, y faisant une sorte de marche de trente centimètres de largeur. Le tout est recouvert de la même moquette que le plancher, et là, sur une couverture de laine, avec son traversin de Borg à pétrir, Minouche trône de novembre jusqu'au printemps. Dans cet antre, j'ai également aménagé un coin confortable pour ses visiteurs: moi, en premier, et nos deux filles. J'y ai plus d'une fois trouvé notre cadette endormie, le bras passé autour de la chatte. Le jour d'automne où Minouche s'y installe marque pour nous la fin de la belle saison. Elle n'en ressortira qu'au jour précis, connu d'elle seule, qui marquera pour nous la fin officielle de l'hiver, et elle retournera s'installer dans le fauteuil de notre chambre jusqu'à l'automne suivant. Bien sûr, durant toute la période estivale, elle jouira de tous les conforts du plein air.

Le traversin de Borg, si important pour elle, la suit toujours lors de ces migrations. M'absentant pour le Maroc, j'avais omis de signaler expressément à ma mère, qui devait garder les deux chattes, la fonction de ce rouleau de peluche. Voulant lui préparer une couchette accueillante, ma mère lui lissa son coussin, le Borg étalé lui aussi bien lisse. Minouche, arrivant dans son fauteuil, déploya beaucoup d'énergie à refouler, de ses pattes, le Borg dans un coin. La voyant insatisfaite, ma mère s'empressa d'étaler à nouveau sa peluche bien à plat, sans un pli. Minouche reprit aussitôt son essai maladroit de la rouler comme je le fais. Les communications téléphoniques avec le Maroc ne sont point aisées, et ce malentendu néfaste ne fut clarifié qu'à notre retour de vacances.

Boîtes-parties

Tous nos chats, depuis toujours, ont aimé — et ce uniquement durant l'hiver — le confort très relatif de ces cageots qui servent au transport des tomates. C'est surtout leur bain de soleil hivernal que ces paniers leur assurent, avec la possibilité pour le chat de plonger sa tête vers le fond dans l'ombre, le reste de son corps exposé à la chaleur. Je me charge de les déplacer afin de ménager à leurs occupants le maximum des bienfaits solaires. À force de pratique, ils sont devenus habiles à changer fréquemment de position sans émerger du contenant. Seul Lucyfon, avec sa silhouette toute en longueur et en hauteur, s'énervait souvent de ne pas réussir à trouver le confort recherché. Alors, il s'extrayait du panier, étirait son avant, étirait son arrière et, délassé, réintégrait sa coquille étroite.

Minouche adore le soleil et, tout l'hiver, s'arrange pour ne pas en gaspiller un seul rayon. J'ai remarqué toutefois qu'elle se place toujours de façon à avoir de l'ombre sur la tête, sa petite tête sensée qui sait ce qu'elle veut et arrive à l'avoir, souvent grâce à mon aide empressée. Je lui assure désormais ce confort en plaçant à l'endroit stratégique quelque objet faisant office d'ombrelle lui permettant de... «Dormir, la tête à l'ombre, et les pattes au soleil!» (Victor Hugo) — béatitude suprême, sans aucun doute.

Minouche et Tasha ont chacune, sur le perron de l'entrée, leur fauteuil de jardin coussiné où elles s'installent au moment où le soleil couchant baigne d'une douce chaleur la façade de la maison. Elles n'en bougent plus de la soirée. Par les chaudes nuits d'été, elles préfèrent dormir là plutôt que dans la maison étouffante. Minouche aime qu'on lui serve là son repas du soir. Elle va recevoir sa nourriture dans la cuisine comme à l'accoutumée, la renifle, constate que le menu est à son goût. Si ce ne l'est pas, elle lève la tête, me regarde dans les yeux et miaule, une, deux, trois fois... pour dire: «Ça, non, je préférerais autre chose.» Elle se précipite ensuite dehors, saute sur sa chaise et nous signifie du regard qu'elle désire que son assiette lui soit servie dans son café-terrasse. Du printemps jusqu'à l'automne, beau temps, mauvais temps, Minouche exige d'avoir là tous ses repas: on lui passe ce caprice, comme bien d'autres du reste. Mais que viennent les vrais froids, vifs et venteux, elle ne démord pas tout de suite; elle refuse longtemps de manger dans la maison. C'est à chaque début d'hiver une difficile transition qui résulte en un appétit perturbé, jusqu'à ce qu'elle renonce à sa tenace manie.

Chatanée Minouche

Dans notre famille nous sommes tous agressivement anti-tabac, au point que nos familiers fumeurs hésitent à se laisser aller en notre présence. Malheureusement, au bureau où travaille mon mari, les fumeurs fument et enfument ceux qui ne fument pas! Quand mon mari rentre, ses vêtements sont saturés de l'odeur de cigarette. Minouche — quelle honte! — aime cette odeur. Aussitôt rentré, mon mari rejette ses vêtements de bureau et Minouche le guette dans le but de s'emparer de sa chemise avant que j'en dispose. Aussitôt, elle saute dessus, se roule, se vautre, s'enroule dans le tissu malodorant, parfois le saisissant à pleines pattes pour s'en frotter la tête, les oreilles et le museau, dans une extase d'intoxiquée. D'autres fois, elle s'introduit dans une des manches, ayant ensuite toutes les peines du monde à s'en extirper. Elle ne lâche pas prise et ne se lasse pas vite. Finalement, fatiguée de toutes ces contorsions, elle s'y installe pour un somme réparateur. La tâche de dépoiler les vêtements me revient, la lessive n'y suffit point.

Les oiseaux locataires des maisonnettes de nos arbres ramassent le cellophane qui enveloppe les paquets de cigarettes et l'apportent dans leur logis. Le sol en est jonché autour de chaque nid. Seraient-ils aussi mordus des parfums du tabac que Minouche?

Ma chatte préférée est une toxicomane à plus d'un titre. La poudre utilisée pour débarrasscr les fleurs des pucerons l'attirait au point que, craignant pour elle ses effets nocifs, j'ai décidé d'en arrêter l'usage. Le bois du chèvrefeuille attire tous les chats, surtout lorsque fraîchement coupé. L'hiver, j'en rentre parfois des segments. Minouche et Tasha y plantent leurs molaires, renversant la tête d'un côté et de l'autre, en rêvant sans doute à des saisons meilleures.

Vieillir c'est chat!

Les limitations dues aux ans? Elle sont peu visibles chez Minouche. Sa vue, son ouïe, son odorat restent bons. Elle court, elle joue avec entrain, même si moins souvent qu'autrefois. Sauter sur les meubles ou le lit ne présente heureusement aucun problème. Elle a cessé de prendre d'assaut mon épaule, exploit devenu trop périlleux. Elle passe des heures plus longues à somnoler et son sommeil véritable est plus profond. Elle demande davantage de mon attention, de ma présence. Durant toute sa vie adulte, l'amour que je lui porte a été son intérêt central. Même lorsqu'elle semble dormir, je la sais vigilante à mon activité. Elle attend mon approche, elle la réclame par de petits cris qui ne sont pas dépourvus d'anticipation joyeuse, ce qui me fait invariablement succomber à leur appel. Elle voudrait qu'on n'arrête jamais de la cajoler tout en lui murmurant compliments et tendresses. À elle le ronron continuel!

Et c'est aussi chat!

De tempérament gai, elle aime toujours jouer. Dès que je fais semblant de l'effrayer, que je me cache subitement derrière un pan de mur ou une porte, elle y voit aussitôt le signal du jeu, dans lequel elle se précipite avec frénésie. C'est une chatte sauvage, échevelée, qu'il me faut affronter, autrefois comme aujourd'hui. Vu son âge, je veille à écourter s'il le faut ces jeux violents. Je saisis cette petite furie dans mes bras; un baiser sur son museau haletant lui signale la fin des ébats, et instantanément elle se calme.

Un autre amusement qu'elle affectionne est de courir à ma rencontre quand je rentre des courses. Je fais celles-ci à bicyclette. Perchée sur la chaise de son café-terrasse, Minouche est bien placée pour me voir venir. Elle, habituellement lente de gestes, en m'apercevant bondit avec une rapidité de flèche, survole les deux niveaux de marches, et la voilà sur le trottoir, où moi-même je roule maintenant. D'un geste souple et bien calculé, elle s'affale contre ma roue avant, me barrant la route de tout son corps. Je connais son procédé et fais très attention en approchant de la maison. Une fois, elle avait surgi de derrière un arbre et je ne l'avais pas aperçue. J'ai dû sauter, deux pieds au sol, faisant basculer dangereusement le contenu de mes paniers. Minouche fut sauve. Dans cet accueil si chaleureux qu'elle me réserve, la charge de ces paniers est aussi en cause. Elle adore m'aider à déballer mes épiceries, reconnaissant ses boîtes et reniflant avec convoitise toutes ces choses autrement plus alléchantes qui sont réservées d'office aux humains, mais occasionnellement accessibles aux chattes comme elle trop gâtées.

À treize ans, Minouche a commencé à prendre régulièrement des vitamines et des hormones, ce qui indubitablement a contribué à sa bonne santé actuelle. Ce n'est pas chose facile à lui faire avaler ces pastilles, elle qui s'offusque de tout grumeau. Il me faut broyer finement le comprimé, verser cette poudre dans une seringue en plastique à bout coupé pour assurer une ouverture plus large, y ajouter quelques gouttes d'eau soigneusement dosées. La pâte obtenue ne doit être ni trop épaisse et donc difficile à avaler, ni trop liquide, ce qui ferait tousser Minouche. Je n'approche jamais Minouche à l'improviste, elle déteste être surprise. Je lui dis plutôt ce qu'il en est, alors elle se tient prête et avale le contenu de la seringue sans rechigner.

Loulou, avec sa sage docilité dictée par l'affection, son regard aimant et sa volonté de me plaire, avalait tout comprimé. Je lui disais: «Avale, Loulou, avale» et il s'exécutait avec un visible effort d'ingurgitation mais content de lui.

Consciente de l'âge d'or de Minouche, je m'efforce d'étouffer mes inquiétudes, tout en la surveillant avec vigilance. J'espère que sa présence continuera encore longtemps à faire ma joie.

CHAT-PITRE 2

Lucyfon le diabolique

Minouche venait d'avoir trois ans quand un chaton émacié, affamé, noir et blanc comme elle, la barbiche méphistophélesque, échoua à notre porte un soir de juillet. Je l'installai dans le garage, annonçai: «Trouvé...» ici et là, le nourris et attendis. Personne ne semblait le rechercher ni vouloir le recevoir. Le temps passant, ce qui arriva, c'est que le chaton qui avait su trouver le chemin de notre maison trouva aussi celui de nos cœurs.

Réellement, il me faisait penser à Méphisto. La plus jeune de nos filles lui trouva sans doute cet air diabolique et, voulant dire «Lucifer», prononça «Lucifon». Lucyfon il fut donc nommé!

Minouche ne fut pas heureuse de se voir déchoir du statut de chatte unique. De son côté, le nouvel arrivant aimait agacer, taquiner. Quand on le rappelait à l'ordre, il se restreignait mais, laissé à lui-même, Minouche devenait la cible choisie de ses malicieuses poursuites. Nous habitons à proximité d'un aéroport et certains jours de la semaine les avions passent à basse altitude et à intervalles réguliers. Lucyfon attendait toujours le moment où le bruit le plus intense empêcherait Minouche de l'entendre s'approcher pour foncer coquinement sur elle.

Minouche est douce de caractère. Une seule fois l'ai-je vue la gueule grande ouverte me crachant sa colère en plein visage: ce fut lorsque j'ai tenté d'instaurer la paix entre le petit diable et elle. Avec une conviction que je voulais communicative, je lui dis en la regardant en face: «Lucyfon est gentil, tu sais Minouche, Lucyfon est gentil.» Sa seule réponse fut ce paroxysme d'indignation.

Explorer, j'aime chat

En plus de taquiner, Lucyfon adorait la mécanique. Les autos le fascinaient. Il fut le seul de nos chats à aimer voyager en voiture. Nous l'emmenions souvent, histoire de ménager Minouche, la casanière, qui pourtant nous a déjà accompagnés jusqu'à Washington! Lucyfon affectionnait surtout les voitures stationnées alentour. S'il trouvait moyen de se faufiler à l'intérieur, on le découvrait endormi sur la banquette, insouciant — ou désireux? — des suites possibles de cette instrusion. J'avais une peur folle qu'il parte clandestinement. Par chance, nos voisins, connaissant ses goûts, l'expulsaient avant de démarrer. Pire encore, Lucyfon raffolait des camions! Plus ils étaient monstrueux, plus ils l'intéressaient. Chaque fois que des travaux municipaux ou autres en amenaient un dans nos parages, je devais enfermer Lucyfon.

Il se tenait dangereusement près de toutes les mécaniques, de la tondeuse à gazon à l'aspirateur, de la machine à écrire au tourne-disque et bien sûr au malaxeur. De préférence en marche. Tout mais vraiment tout ce qui s'actionnait subjuguait Lucyfon. Il me fallait une vigilance extrême envers toutes les passions de ce chat beaucoup trop téméraire.

Il aimait ausi les enfants, les jeunes enfants. Comme notre maison est située entre deux écoles primaires, avec appréhension je le voyais suivre un ou deux gamins qu'il avait élus et qui passaient devant notre maison quatre fois par jour. Là encore, une surveillance étroite s'imposait pour qu'il ne les suivît pas trop loin. Sans trop faire de rapprochement, j'avais remarqué que, lorsque le vacarme des enfants déferlant dans la cour de l'école se faisait entendre, Lucyfon demandait à sortir. Routine de chat, me suis-je dit tout en lui ouvrant. Bien plus tard, j'appris, par une enfant du voisinage, que Lucyfon se rendait dans la cour de l'école à chaque récréation, accueilli avec enthousiasme par tous les enfants.

Chat passe trop vite

Les chats généralement aiment la nuit; l'ombre les libère de leurs craintes. Invisibles et nyctalopes, ils s'y sentent dans leur élément. Lucyfon, tout téméraire qu'il était, craignait l'obscurité. Dès la nuit tombée, il rentrait à la maison et y demeurait jusqu'au matin.

D'allure aristocrate — filiforme, haut sur pattes, jabot de neige et barbiche d'ébène, botté et ganté de blanc —, Lucyfon plaisait, retenait facilement les sympathies, même à la clinique vétérinaire où il fit, malheureusement, de trop fréquents séjours.

Très tôt, il développa des problèmes de santé: cristaux dans la vessie, calculs dans les reins, crises douloureuses. Il reçut soins, opérations et hospitalisations entrecoupés de rémissions. Lorsque les crises devinrent trop fréquentes et sa vie trop souffrante, nous dûmes prendre la pénible décision de le faire endormir.

La cadette de nos filles a toujours été sa préférée et c'est elle qui le pleura le plus longtemps.

CHAT-PITRE 3

Blanche, la chatte laine

Au début de l'été, une jeune chatte perdue trouva refuge chez des voisins. Elle fut gardée à l'abri, nourrie tout l'été, mais non admise dans la maison. L'automne venu, un automne particulièrement froid et pluvieux, on cherchait un foyer d'adoption pour elle. C'était une jolie bestiole, au poil mi-long et tout blanc. Avec un peu de soins, elle deviendrait même très belle.

Nous avions déjà Minouche et Lucyfon. Il fallut convaincre mon mari qu'un troisième chat était absolument indispensable au bonheur de sa femme et de ses filles. À trois, nous y parvînmes.

Blanche, qui ne devint vraiment blanche qu'après un bon shampoing, fit son entrée chez nous un soir de novembre.

Une fois à l'intérieur, elle refusa obstinément de remettre le nez dehors. Effrayée d'être à nouveau rejetée en pleine nature, elle garda la maison jusqu'au printemps et aurait volontiers continué à le faire malgré le beau temps revenu. J'ai dû, avec patience et progression, la sortir sur le perron dans mes bras, pour un court instant au début tant sa peur était grande. Petit à petit, je prolongeais ces sorties, je m'asseyais avec elle, tandis qu'elle regardait Minouche et Lucyfon sortir et rentrer à leur guise, l'accès à la maison leur étant libre. Cela parut la convaincre et lui donner confiance. Sortir ne signifiait peut-être pas quitter définitivement son foyer. Ce problème-là réglé, il en restait un autre, autrement plus coriace.

Chat fait mal

Minouche accueillit Blanche avec circonspection et léger ombrage, et Lucyfon eut envers elle une réaction inattendue. Il la poursuivit, la chassa, l'attaqua avec une excitation violente, voire cruelle, comme si c'était une souris. Nous n'en croyions pas nos yeux, d'autant plus que nous le savions capable d'attachements exceptionnels, tendres à l'occasion.

Une fois un chaton égaré nous suivit jusqu'à notre porte; c'était l'hiver, je le fis entrer pour le nourrir et pour qu'il se réchauffe. Lucyfon l'accapara avec une tendresse toute paternelle, le léchant, le cajolant, jouant avec lui, ne voulant pas le quitter une minute. Le petit commença même à en être agacé. Heureusement, au bout de deux jours, je trouvai une famille désireuse de l'adopter. Lucyfon eut la même fixation affective sur le caniche d'un voisin. Il disparaissait des heures entières, et c'est toujours dans cette maison qu'il fallait le récupérer.

À l'égard de Blanche, ce fut l'opposé et le temps ne changea rien à son attitude. On ne pouvait pas les laisser ensemble, on ne pouvait même pas les laisser se rencontrer! Ce fut un ballet de portes ouvertes et fermées, assez compliqué à synchroniser, pour empêcher Blanche et Lucyfon de se trouver face à face. J'ai tout essayé. Je me suis même procuré une grande cage qui, installée au milieu de la pièce, servait d'abri à l'un ou l'autre. Cet arrangement leur permettait d'établir un contact visuel, de sentir la proximité de l'autre, ce qui, je l'espérais, conduirait à une meilleure entente.

Petit à petit, Lucyfon se calma quelque peu mais il fallut continuer à séparer les deux ennemis lorsque nous quittions la maison.

Lucyfon, comme certains siamois, aimait le goût de la laine. Quand un trou rond, assez grand, à la circonférence parfaite, apparut sur un plaid de voiture, je restai perplexe. Déchirure? Non, cela n'aurait pas eu cette géométrie impeccable. Brûlure? Ni notre maison ni notre voiture n'ont vu de cigarette allumée. Le mystère ne fut éclairci que lorsque d'autres trous apparurent, sur un plaid semblable confié personnellement à Lucyfon. Lucyfon dormait au sous-sol sur cette couverture et chaque matin il attendait qu'on lui ouvrît la porte, en haut de l'escalier, ses canines plantées dans le tissu qu'il traînait derrière lui. Chaque jour, il le montait ainsi du sous-sol pour l'avoir à sa portée durant la journée. Le plaid prit bientôt l'apparence d'un gruyère, et je fus contente que l'appétit de Lucyfon ne s'étendît à aucun autre lainage de la maison.

Quand se manifesta la curieuse attitude de Lucyfon à l'égard de Blanche, j'ai pensé que la laine pouvait y être pour quelque chose. Blanche était laine, très laine: sa fourrure avait la texture, le toucher et jusqu'à l'odeur, si typique surtout lorsque humide, de la laine. Si on avait laissé faire Lucyfon, Blanche aurait été criblée de trous de rondeur parfaite…

De son côté, Blanche était délicieuse, si heureuse et reconnaissante d'être admise dans un foyer et d'être entourée de gens aimants (sinon de chats accueillants).

Elle paraissait jeune, mais je la crus d'âge à devoir être opérée. Elle fut laissée à la clinique pour être reprise le jour suivant. Le lendemain, je reçois un appel du vétérinaire lui-même. Mon cœur s'arrête: qu'est-il arrivé? Il m'apprend que Blanche est sous anesthésie, qu'elle vient d'être rasée et que tout porte à croire qu'elle a déjà été opérée! Blanche revint donc le soir-même, en pleine forme, après un bon somme, son petit ventre rose dénudé.

Chat j'adore!

Autant Lucyfon se passionnait pour la mécanique, autant Blanche était captivée par les tâches ménagères. La corvée quotidienne de la vaisselle attirait sa participation active. Installée (sur le terrain permis) à côté de l'évier, elle suivait des yeux tous mes mouvements, fascinée surtout par le jet d'eau. La dernière pièce lavée et déposée sur l'égouttoir, je penchais ce dernier avec son plateau vers l'évier, pour drainer l'eau accumulée. Blanche aimait particulièrement cette brusque chute d'eau. Une fois j'oubliai de le faire, alors elle se mit à pousser de petits cris aigus et plaintifs. Je l'observai. Elle sauta dans l'évier vide et essaya avec sa patte de baisser le bord du plateau pour faire écouler l'eau! Par la suite, j'ai parfois omis d'exécuter cette dernière manœuvre. Blanche sut me le rappeler avec anxiété et insistance.

Lorsqu'elle me voyait approcher tenant une brassée de linge, elle sautait sur la machine à laver, posait sa grassouillette personne en plein sur le couvercle et, insérant sa patte dans la fente d'ouverture, essayait de lever le couvercle qui la portait!

La grande préférence de Blanche allait à tout ce qui a trait à la couture, en particulier les épingles à tête colorée. Quand je taillais le tissu sur la grande table étirée à son maximum, elle se plaçait au centre du morceau que je coupais, son dos ondulant d'excitation au crissement des ciseaux. Ne pas dévier de la ligne de coupe et lui laisser, si possible, sa queue intacte s'avéraient une opération extrêmement délicate.

Son jeu préféré consistait à prendre dans sa gueule une ou plusieurs épingles, les tenant par leur tête colorée, et de les emporter subrepticement vers une destination inconnue.

Un jour où nous étions, elle et moi, à notre travail de coupe, le téléphone sonna. Vite, je cachai mon coussin à épingles sur une étagère élevée. La conversation téléphonique se prolongea. De retour à ma tâche, je vis que l'objet avait disparu. Blanche me regardait en toute innocence. Je me mis à fureter partout. Pas de coussin ni d'épingles. Finalement, je dénichai le coussin dans le coin extrême de la pièce, derrière le palmier. Il était vide! Où étaient allées les épingles? Je les trouvai toutes éparpillées dans la couchette de Blanche, son territoire le plus personnel.

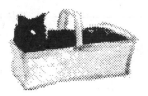

L'été, les oiseaux constituaient son passe-temps favori. Elle se cachait dans les hautes herbes pour observer, du plus près possible, les oiseaux qui s'assemblaient pour picorer le pain que je leur servais. Elle n'essayait ni de les attraper ni même de les faire se disperser dans un grand envol criard, ce qu'affectionnait Minouche. Blanche était seulement une voyeuse. Je finis par lui faciliter les choses, vu que son jeu était innocent. Je plaçai une chaise de jardin, recouverte sur ses trois côtés presque jusqu'au sol, où Blanche pouvait s'embusquer, observant les oiseaux par la fente ménagée au ras du sol. Pour ces derniers, je mettais du pain à proximité. Par le côté de son abri resté à découvert, j'avais pour ma part la joie d'observer son excitation, son dos ondulant, sa queue en folie. Dès que les oiseaux avaient fini leur festin, ils quittaient. Aussitôt, Blanche se précipitait dans la maison me signifiant à grands cris que les oiseaux manquaient d'appât. Et le manège recommençait. Blanche fut la seule de tous nos chats que je n'ai jamais vue attraper un oiseau.

La fée du château

J'ai toujours eu pour elle une tendresse toute particulière, pour ses yeux en losanges — pas en amandes, en losanges —, pour sa voix si haute et chantante, voix de soprano, pour sa toison épaisse, pour son odeur de laine humide. Je l'aimais aussi pour la façon courageuse qu'elle avait de plaider la paix chaque fois qu'on élevait la voix, qu'on était fâché. Les chats ont peur de tout éclat, même si eux n'y sont pas impliqués. Quand Blanche décelait l'irritation ou la colère dans ma voix, elle se dressait contre moi et de sa patte tirait mon vêtement ou mon coude en geignant doucement. Cette artisane pacifiste arrivait sans peine à me faire changer d'humeur. Je l'affectionnais peut-être davantage à cause du rejet dont elle avait souffert tout un été (perdue d'abord et dans quelles circonstances?), sans être accueillie, acceptée, protégée nulle part, elle si douce et si craintive.

À chat perché

Elle adorait les hauteurs. Dans le jardin, elle faisait sa sieste de quelques heures allongée sur la grosse branche du pommier, comme un écureuil. Au sous-sol, elle trouva moyen d'explorer les poutres, le haut de la fournaise, perdant, au sortir de là, toute prérogative à son nom de «Blanche»... Sa position dans le pommier lui permettait en outre d'avoir l'œil sur les activités familiales du jardin. Elle ne tenait jamais à être trop proche, désirant surtout voir ceux qu'elle aimait. Elle savait toujours dénicher l'endroit d'où me surveiller discrètement.

Une fois, après avoir été immobile, attablée, un certain temps, je remarquai en traversant la pièce, qu'elle-même était perchée sur une hauteur, la tête pendante dans une position qui me parut extrêmement inconfortable. Je compris alors que cela avait été pour elle le moyen de me garder dans son champ visuel. Quelle tendresse était dans ce geste-là!

Chatlineries

Blanche avait la douce manie de vouloir nous embrasser sur la bouche. Quand on se penchait vers elle, levant la tête elle réussissait à planter son nez rose, froid, humide, en plein sur nos lèvres! Minouche, de son côté, si souvent embrassée par moi sur son front soyeux et chaud, a dû en conclure que ce geste m'était particulièrement agréable. Chaque fois qu'elle se veut câline et quémande quelque faveur, elle se hisse sur ses pattes de derrière et d'un geste brusque plante son crâne dur contre ma bouche.

Chaque chat est unique de caractère, de comportement, de préférences, de goûts, d'habitudes, et jusque dans ses moindres expressions intimes. C'est ce qui constitue ce charme qui nous captive.

Malheureusement, Blanche n'a pas pu nous captiver aussi longuement que nous l'aurions désiré. Nous avons dû la faire endormir bien avant sa vieillesse. Peut-être est-ce à cause de cela que je l'ai pleurée si longtemps. Ce regret à son égard ne me quitte pas.

Minouche a réagi à cette disparition par un déploiement de joie incontrôlable: pendant une semaine, elle gambadait, sautait, courait d'un bout à l'autre de la maison, en proie à une frénésie triomphale. J'avais toujours senti sa jalousie à l'endroit de Blanche et, tout en la comprenant, j'avais le cœur doublement lourd en contemplant son bonheur.

CHAT-PITRE 4

Tasha pas chat

Tasha échoua chez nous par un concours de circonstances. Elle me fut confiée pour un mois, le temps que sa maîtresse effectue son déménagement dans une autre province. Finalement, elle ne fut jamais reprise.

Ayant déjà chez nous deux chattes aux relations quelque peu ombrageuses, je ne désirais nullement semer la discorde en leur imposant cette troisième demoiselle, âgée de huit mois, toute noire, aux yeux ronds de hibou.

Je plaçai des annonces avec photo à l'appui pour lui trouver un foyer d'adoption. Deux mois passèrent. Une personne appela, je fis une petite enquête, tout parut rassurant et convenable. Tasha leur fut livrée, avec armes et bagages pour remplir ses besoins immédiats. Nous la conduisîmes en voiture; c'était à six ou sept rues.

Au bout d'une semaine, je contactai sa nouvelle famille: tout va bien, Tasha s'habitue, elle sort, elle rentre, tout le monde est satisfait. Je fis disparaître les annonces la concernant et l'affaire sembla réglée.

Quelques jours plus tard, des miaulements se firent entendre à la porte. C'était notre Tasha, une Tasha éreintée, sale, affamée mais si heureuse d'avoir mené à bon terme son exploit! J'appelai la famille adoptive: oui, Tasha a disparu depuis deux jours; non, on ne tient pas à la reprendre...

Et Tasha resta. Elle a aujourd'hui onze ans, s'entend avec Minouche couci-couça, sans amitié mais sans hostilité. Elle est docile, obéissante, très peureuse, effrayée par les étrangers et tout particulièrement les enfants. Peu douée pour le langage des humains, le vocabulaire gastronomique suffit à ses intérêts immédiats — et primordiaux. Tasha aime manger et cela saute aux yeux. Elle est plutôt distante, aime être laissée en paix. À toute velléité de jeu de ma part, elle se croit agressée et se rétracte. Elle sait être câline à ses heures, heures que lui dicte son estomac, et montre alors de l'affection mais, une fois rassasiée, reprend ses distances.

Très minutieuse, elle passe des heures à la toilette de sa personne et adore le brossage. Son besoin de propreté va jusqu'à se charger de la moindre tache qu'elle découvre sur le tapis, le plancher... Sa fourrure est belle, épaisse, luisante, sa queue très fournie. Tasha est velours. Sauf par grands froids, elle passe sa vie à l'extérieur, mais toujours à proximité de la maison. Curieux pour une chatte qui a vécu ses huit premiers mois en appartement!

Arrivée chez nous, il fallut un apprentissage élaboré pour la faire quitter la maison et découvrir la nature. Cela se fit à partir d'une fenêtre du sous-sol, au ras du patio. Elle posa ses pattes craintives sur cette surface lisse et l'accepta; mais pour le gazon ce fut une autre histoire! Elle mit des jours à contempler cette étendue verte et hérissée, refusant de s'y hasarder. Elle demeurait comme enfermée dans le périmètre du patio. Un beau matin, elle se lança pour rejoindre l'une de nous qui se tenait là, à quelques mètres. Et ainsi, petit à petit, jour après jour, elle finit par conquérir tout le jardin.

En découvrant la nature, Tasha découvrit également la comestibilité de certaines verdures. Tout chat aime mâchonner des brins d'herbe, tendres, frais, de préférence élancés, ceux épargnés par la tondeuse. Tasha fixa spontanément sa prédilection exclusive sur les feuilles des haricots grimpants. Année après année, notre vaste galerie s'enguirlande de leur verdure aux pousses toujours nouvelles, aux fleurs écarlates toujours présentes, sans parler de la moisson quotidienne de haricots verts frais qui agrémentent nos menus. À l'automne, le premier gel nocturne tue d'un seul coup feuilles, fleurs et fruits non cueillis, me laissant désemparée aussi bien que Tasha. Car Tasha ne se contente pas de mordiller les feuilles par-ci par-là. Elle est résolument herbivore et en consomme de substantielles quantités. Lors de son premier hiver chez nous, je la vis courir entre nos pots de plantes de maison, reniflant, à la recherche de ses feuilles préférées. Cela me donna l'idée, un peu tard, d'en faire une culture hivernale à son intention. J'ai dû lui rationner les feuilles, trois par jour, et cacher les haricots en pots en des endroits présumés inaccessibles. Chaque fois, Tasha avait réussi à les découvrir et à les soumettre à sa voracité sans merci.

Le printemps suivant, je n'avais pas prévu le désastre que provoquerait Tasha lorsque les premières pousses fragiles émergeraient à la surface du sol! Il fallut enfermer la coupable, courir en toute hâte acheter du grillage et enrober de celui-ci les plates-bandes convoitées. L'opération a dû être répétée par la suite chaque printemps, tandis que Tasha tournait inlassablement autour de ces barrages, cherchant à y découvrir une brèche. Quand les plants ont finalement assez de feuilles pour la satisfaire sans en souffrir, le grillage disparaît jusqu'à l'année suivante.

Chat c'est chien

Tasha a la rapidité de gestes du chien plutôt que la lenteur gracieuse de sa race. Elle est rapide en tout. Elle avale ses repas en deux bouchées (il faut voir Minouche tripotant le contenu de son assiette pendant une demi-heure pour venir à bout d'une cuillerée de nourriture), elle mange toujours debout — caractéristique plutôt canine. Elle grogne comme un chien aux coups de sonnette et alors, sa peur innée prenant le dessus, elle s'engouffre au sous-sol, son refuge et son abri. Un lointain coup de tonnerre, indécelable encore à notre oreille humaine, la fait se précipiter en bas, où elle se blottit dans sa cachette, celle réservée aux cas d'orages. C'est à l'étage souterrain qu'elle trouve la paix, le silence, la solitude, la sécurité. Elle refait surface aux heures des repas.

Il est vrai que, dernièrement elle est plus souvent à mes côtés, et séjourne à l'étage supérieur. Aussi paradoxal que cela puisse paraître, il est plus aisé d'influencer le comportement d'un chat de dix ans que celui d'un chat de cinq ans. Avec son acquis de sagesse d'une décennie, j'ai bon espoir d'amener Tasha à être plus ouverte, plus réceptive à la tendresse humaine, ce à quoi je m'applique en ce moment. Je ne sais pas si j'irai jusqu'à réussir à lui apprendre à s'installer sur nos genoux, ce que, à l'encontre de presque tous les chats, elle ne fait jamais. En somme, Tasha s'est imposée sans qu'on l'ait ni choisie ni désirée. Depuis dix ans, nous la traitons quelque peu en parente pauvre. D'emblée, nous l'avons mise à la seconde place, une seconde place bien modeste en regard de l'espace, de l'affection, de l'attention accaparés par Minouche. Tasha ne se montre pas jalouse, et j'apaise ma mauvaise conscience en me disant, non sans raison, qu'une seconde place chez nous ferait le bonheur de plus d'un chat.

À l'école, chat colle

Comparée à Minouche ou à Loulou, Tasha, qui entre dans sa douzième année, reste peu douée pour le langage humain. De temps à autre, je renouvelle la tentative de lui enseigner les mots de base, ceux faciles et d'intérêt quotidien, mais sans succès. Il me suffisait, avec Loulou ou Minouche, de répéter à deux reprises le mot dans une situation bien précise pour que s'établisse le lien pour eux. Au troisième essai, leur intérêt était éveillé, quoique incertain encore, et au quatrième, tout au plus au cinquième, le son étant devenu familier, les chats reconnaissaient désormais sa relation à l'objet désigné. Cela ne se faisait toutefois pas avant leur cinquième année, l'âge de la scolarité pour les chats comme pour les enfants.

Chacun de mes chats est passé individuellement par le même conditionnement de la peur de l'auto en marche, que j'avais aussi inculquée à mes enfants. Quand une auto se faisait entendre au bout de notre rue, je faisais l'effrayée, par la voix et le geste incitant le chat à fuir loin de la chaussée, vers les maisons. Et ça portait fruit. Sur le trottoir d'en face, même manège, afin que le chat apprenne à se réfugier vers les bâtiments et non vers sa propre maison, ce qui le ferait traverser la chaussée juste au mauvais moment. Avec Tasha, si peureuse de nature, cet apprentissage fut facile.

Au moment d'appeler un de nos chats du pas de la porte, je vérifie si aucune voiture ne s'approche puisque le chat, comme l'enfant, va s'élancer à notre appel en oubliant toute élémentaire prudence.

Tasha, malgré son peu de culture verbale, arrive à être un chat extrêmement obéissant, répondant aux ordres reçus avec la rapidité et l'empressement naturels chez le chien, plus rares chez le chat. Elle arrive toujours quand on l'appelle; même dans sa sieste, elle se lève pour accourir. Si d'un geste on lui signifie de sauter sur la chaise, sur le lit, de venir se mettre sur ce meuble, elle s'exécute avec entrain. Elle aime aussi me lécher les doigts chaque fois que sa langue se trouve à proximité de ma main. J'interprète cela comme une expression d'affection féline (ou canine?).

Ce n'est peut-être pas gentil ni même juste de le mentionner, mais il me semble que Tasha manque d'initiative personnelle et que sa disponibilité à suivre les ordres, les suggestions, dérive de là. D'autre part, elle a une crainte réelle de désobéir, de faire ce qu'elle n'aurait pas dû.

Dehors j'aime chat

Dès que Tasha me voit me préparer à sortir, elle court vers la porte, prête à s'éclipser en même temps. Si le temps est propice, je la laisse aller. S'il fait mauvais, ou si mon absence risque de se prolonger, je préfère qu'elle reste à l'intérieur.

Quand je vois Tasha toute excitée, le nez collé contre la porte dans l'attente qu'elle soit ouverte, je suis souvent obligée de lui dire: «Retourne dans la maison.» Elle pousse un gémissement pitoyable mais obéit, retourne dans le vestibule, s'assoit sans plus bouger et me regarde partir avec un air de victime. Dernièrement, elle a opté pour l'attente dans le vestibule du oui de la permission, ou du non du refus. Je dis: «C'est bien, reste dans la maison, tu es mignonne» ou bien: «Tu peux sortir, viens», alors elle s'élance, heureuse. Tasha, c'est mon petit chien fidèle, docile et obéissant, qui redevient chat en recherchant le calme, le silence, la méditation solitaire dans les profondeurs de notre sous-sol.

Ce drôle de toutou si fidèle et si docile aimerait, il me semble, me suivre occasionnellement en promenade, pas à pas, car à quelques reprises cela se produisit, le soir. En ville, même en banlieue, la circulation plus dense effraie le chat et me fait moi aussi craindre pour sa sécurité. D'autre part, je suis piètre marcheuse: il me faut les deux roues. Il serait téméraire d'espérer voir Tasha courir aux côtés du vélo! Il m'est déjà arrivé d'être suivie par un merle familier, ou de trouver notre Wiourek (écureuil apprivoisé) installé dans le panier de ma bicyclette: sans doute l'odeur des cacahuètes, qui arrivent du marché chaque semaine à son intention, devait s'y trouver… Mais le vrai obstacle à nos promenades, c'est que Tasha la peureuse ne privilégie que la nuit, et que moi, également peureuse, je ne tiens pas à sortir dans la noirceur même en son adorable compagnie!

Loulou, ami des enfants, nous accompagnait toujours pour quelques coins de rues lorsque, poussant mes deux bébés dans le grand landau, j'allais faire mon marché. Il évitait le trottoir, rasant les maisons, à l'abri des arbustes et des haies. À mi-chemin, il s'arrêtait pour attendre notre retour et nous raccompagnait jusqu'à la maison, presque invisible dans le feuillage. S'il m'arrivait de prendre l'autobus avec les enfants, Loulou nous reconduisait jusqu'à l'arrêt, restant sur le trottoir opposé et nous regardant partir. J'avoue avoir souvent craint qu'il ne s'embarque à notre suite!

Mais pas trop haut

Tasha a la phobie de l'altitude. Elle ne monte jamais aux arbres, et le fait de la jucher sur une branche, même basse, provoque cris de peur et sifflements de colère. Il en est de même si nous voulons la prendre dans nos bras: c'est bien trop haut pour elle; elle grogne, elle se débat. J'ai essayé de l'habituer, doucement, progressivement, puis j'ai renoncé.

Docile et craintive comme l'est Tasha, il faut bien y penser avant de lui faire un reproche. Un jour mon mari, pour une peccadille, éleva la voix vers elle: Tasha se réfugia aussitôt au sous-sol — bien sûr! — pour y pleurer à longs cris lamentables comme un bébé. Je descendis à plusieurs reprises, lui portant absolution, consolation, réassurance, mais sans grand succès. Laissée seule, elle reprenait ses lamentations sonores. Cela dura cinq longues heures d'affilée.

Toujours en bonne forme, en appétit, disciplinée et sensible, délicate de manières, patiente dans l'attente, Tasha ne cause aucun souci. Même en voiture, elle est très convenable; extrêmement intéressée par l'énormité de la circulation, elle en oublie d'avoir peur. Nos amis, notre parenté, ne la connaissent pas, ne l'ont jamais vue: dès qu'un étranger franchit notre seuil, Tasha devient introuvable. Elle guette pourtant le départ des indésirables et réapparaît alors aussitôt, visiblement soulagée, heureuse de retrouver le calme de son univers de tous les jours. Seule ma mère a ses faveurs. La raison en est simple: c'est elle qui prend charge des chats, de la maison et du jardin lorsque nous partons en voyage.

CHAT-PITRE 5

Loulou délichat

Loulou fut un grand monsieur. Il savait participer à toutes les activités familiales, il était vif et exubérant, il savait jouer avec ardeur et finesse. Il savait aussi se tenir tranquille et ronronnant aux heures calmes, aux heures de lecture. Il avait surtout un grand cœur, aimant, confiant, dévoué et fidèle.

J'ai eu le privilège de faire la connaissance de ce bébé tigré auprès de sa maman tricolore, lorsqu'il venait à peine d'ouvrir les yeux. C'était à Sainte Adèle, le jour de la Saint-Jean-Baptiste. À huit semaines, il était à moi.

Joujoux de Loulou

Sa première enfance fut un peu solitaire: laissé à lui-même durant le jour, il ne semblait pas en pâtir. Si j'en juge d'après l'état dans lequel il mit le fauteuil qui faisait face au miroir mural, il est évident qu'il devait passer des heures joyeuses en compagnie de son double.

Dans sa jeunesse, Loulou adorait jouer à cache-cache avec moi. Il y avait un fauteuil dont la longue frange touchait au sol: c'était sa cachette préférée. Il s'y aplatissait, et me suivait des yeux à travers les filets. Sa longue queue le trahissant, je pouvais constater le degré d'excitation que le jeu lui procurait. J'allais à droite, à gauche, appelant Loulou, cherchant Loulou — pas de Loulou. Finalement je me plaçais le dos vers lui, me penchant légèrement, toujours feignant de chercher l'introuvable. Alors il bondissait de sa cachette, s'accrochait des deux pattes à mes épaules, histoire de me faire peur, et retombait au sol pour gambader de joie de m'avoir eue! Et il n'était jamais lassé de ce jeu-là, prêt à recommencer indéfiniment. Après ma journée de bureau, il ne me déplaisait pas de gambader un peu, moi aussi, avec lui.

Il me revient en mémoire comment Loulou, dans sa petite enfance, à ses jouets de chat préférait un bout de carotte, le bout supérieur avec un brin de verdure. En gagnant son panier pour la nuit, il cherchait d'abord son jouet. Si sa carotte restait introuvable, il fallait lui en fournir une autre, sans quoi il refusait d'aller dormir. Installé sur son coussin, il poussait de sa patte la carotte sous lui, la mordillant de temps en temps, en la recouvrant encore de son corps. La carotte fétiche lui assurait une nuit paisible.

En ce temps-là, un de ses amusements favoris consistait à rafler les crayons ou stylos qu'il arrivait à dénicher — il excellait à ne pas en omettre un seul — et à les rouler sous le tapis, d'où il fallait chaque soir les récupérer, groupés en différents endroits. S'il nous fallait noter quelque message téléphonique, il n'y avait d'autre alternative que de se mettre à quatre pattes et récupérer le crayon ou stylo le plus accessible, tandis que l'interlocuteur attendait sur la ligne.

Loulou affectionnait une autre distraction, qu'il répétait inlassablement jour après jour. Au-dessus de l'escalier menant au sous-sol, il y avait un espace de rangement ouvert où s'entassaient de vieux journaux. Confortablement installé sur cette pile, il mordillait le papier, en détachait des bribes qu'il lançait, les regardant tournoyer avant de se poser doucement sur les marches. Le vol tourbillonnant de ces flocons semblait le fasciner et l'inciter à continuer durant de longs moments, d'où la quantité étonnante de confettis qui jonchaient l'escalier chaque soir.

Encore très jeune, Loulou se mérita un jour une fessée. Je ne me souviens plus du reste pour quel méfait, mais lui et moi le savions alors. Sa première réaction fut de fuir au sous-sol, et la mienne de courir après lui. Le voilà finalement à ma merci, aplati devant l'inéluctable. Tandis que j'en suis à mon discours préliminaire, lui expliquant à voix forte la gravité des circonstances, Loulou lève vers moi un regard furtif, calcule son élan et, d'un bond, s'accroche à mes épaules, se serre contre moi, ses deux pattes autour de mon cou... Confiance, certitude du pardon. Il n'y eut pas de fessée ce jour-là, pas plus que par la suite d'ailleurs.

Papa chat

Lorsque j'ai commencé à fréquenter mon futur mari, Loulou se montra jaloux. Après notre mariage, il accepta avec une tendresse effrénée ce nouveau membre de sa famille — presque à me rendre envieuse.

Quand à son tour le premier bébé arriva, je surveillais étroitement Loulou, craignant un peu cette exclusivité qui est partie intégrante du caractère du chat.

Le bébé et moi venions de rentrer de l'hôpital, et Loulou de chez ma mère, quand je vis ce dernier examiner silencieusement le berceau et le landau, installés dans la même pièce. Il allait de l'un à l'autre, reniflant, écoutant, indécis. J'étais curieuse de savoir ce qu'il avait en tête. À cet instant, le berceau frémit, le bébé ayant bougé: Loulou venait d'avoir sa réponse. Il se faufila sous le petit lit et resta là, en gardien du bébé. À partir de ce moment, il fut toujours à proximité du nouveau-né, soit dans la maison, soit sur le balcon où je sortais le landau. Loulou en effet adopta, à l'égard du premier comme du second enfant, une attitude d'affection active et protectrice.

Notre première née fut très longue à se mettre debout, croyant sans doute cette position réservée aux grandes créatures, les petites comme elle et Loulou se servant de leurs quatre pattes. Lorsque la puînée commença à se déplacer, elle aussi à quatre pattes, notre chat avait tout le temps le bout de la queue mouillé. La petite le prenait pour son pouce!

Un jour, les deux enfants restèrent dormir chez leur grand-mère. Le lendemain, seule à la maison avec Loulou, je vis qu'il n'était pas dans son assiette, la tête basse, comme écrasé par un malaise mystérieux. Je m'inquiétai à son sujet. Il ne faisait pas de fièvre, paraissait ne souffrir nulle part; je ne savais plus quoi penser. J'appelai mon mari, lui signalant la chose. Il me répondit qu'on mènerait Loulou chez le vétérinaire le soir même.

Rentrant du bureau, mon mari ramena aussi les enfants. À leur arrivée, Loulou ressuscita: il se mit à gambader, à faire le fou, laissant éclater sa joie et son soulagement. Lorsque, pour la deuxième fois, les mêmes circonstances se reproduisirent, il fut encore malade mais je ne m'en inquiétai plus!

Poisson chat

Les chats craignent l'eau, qui d'autre part les fascine. Loulou bébé adorait regarder la baignoire s'emplir et son excitation était à son comble lorsqu'il voyait un être humain plonger dans cette masse effrayante, transparente, attirante. Il faisait de la voltige sur le rebord de la baignoire, prenant parfois un bain forcé, aussitôt secouru. Une fois même pris au jeu de la curiosité il dut être extirpé à temps de la cuvette de la toilette… Par la même occasion, il découvrit qu'en roulant dans la bonne direction le papier hygiénique, une montagne floconneuse s'amoncelait sur le sol et que c'était un passe-temps excitant. Ces jeux enfantins cessèrent avec la sagesse de l'âge, mais Loulou garda toute sa vie une véritable passion pour la chasse d'eau; s'il me trouvait dans la salle de bains, il demandait aussitôt que je l'actionne. Poussant sa patte entre le siège et le couvercle, il essayait de soulever celui-ci, me regardant droit dans les yeux pour que je vienne à son aide. Cette première étape réalisée, il attendait tout énervé que je déclenche le spectacle. L'eau bouillonnant dans la cuvette le faisait se reculer, se rapprocher, finalement se pencher, museau tout au fond, au moment où la toilette avalait le restant d'eau. Il relaxait enfin dans le calme du glouglou agonisant, qui faisait doucement remonter le niveau d'eau. Quand le silence complet revenait, Loulou était prêt à voir se renouveler la performance. Dans son temps, le gaspillage de nos ressources naturelles n'était pas encore péché mortel. Donc, je m'exécutais. Le jeu terminé, Loulou passait de mon côté et, posant sa patte sur la manette de la chasse d'eau, essayait de se débrouiller seul sans jamais y parvenir, sa patte glissant sur le chrome lisse.

Nez de chat

Loulou avait l'odorat très subtil. Lorsqu'un article nouveau arrivait, Loulou rentrant dans la pièce où cet objet se trouvait le détectait aussitôt. Il reniflait, trouvait la direction et découvrait toujours l'objet pour l'examiner à loisir.

Quand nos filles étaient bébés, et qu'il montait comme toujours la garde à leur côté, lorsque je le voyais quitter ostensiblement sa place pour se rendre à l'autre bout de l'appartement, je savais que, vite, il fallait changer la couche…

L'imagerie populaire montre souvent un chat qui brise une potiche, renverse un vase. Pour ma part, j'atteste qu'aucun de mes chats n'a jamais rien brisé. Si les comptoirs de cuisine et la table des repas leur sont interdits, c'est uniquement pour raisons d'hygiène. Ils circulent librement sur tous les autres meubles entre les bibelots, les objets de toilette, sans jamais rien accrocher ou déplacer. Au temps de la jeunesse de Loulou et de la mienne, se trouvait dans ma chambre une coiffeuse où j'avais l'habitude de placer ma douzaine de tubes de rouge à lèvres debout, comme un régiment de soldats. Quand on a vingt ans, il en faut autant pour se sentir maquillée convenablement. L'itinéraire de Loulou pour se rendre sur la fenêtre passait par cette coiffeuse: il y circulait donc plusieurs fois par jour. Je le regardais avec admiration plonger ses pattes légères de haut en bas, la patte arrière suivant le tracé établi par la patte avant, entre fioles et babioles, sans jamais en renverser une seule.

Loulou était très scrupuleux, tout comme Minouche l'est maintenant. Chaque faux pas, au propre ou au figuré, était capable de le plonger dans un malaise apparent, difficile et long à dissiper. Un jour, un accident plutôt drôle, dont il n'était nullement responsable, le plongea dans cet état pour des jours entiers. Une nuit, tandis que Loulou était en train de sauter de la table de chevet au lit, du côté de mon mari, celui-ci se souleva subitement. Ce qui fit entre eux une collision. Réflexe normal, Loulou sortit ses défenses et mon mari fut griffé au front. Je ne sais pas si Loulou voyait vraiment la marque sur le visage de mon mari ou si cette collision accidentelle l'avait bouleversé, mais il promena sa culpabilité pitoyablement, la tête basse, mal à son aise, pendant plusieurs jours. Aucune consolation de notre part ne put l'atteindre, le temps seul dissipa son malaise.

Loulou chamane

Quand nos filles étaient malades, elles l'étaient fréquemment ensemble. Loulou restait auprès de celle des deux qui avait le plus grand mal, la fièvre la plus élevée. Je me souviens de ces nuits où l'on surveille l'enfant brûlant. On lui prodigue des soins, on se recouche et sommeille d'un œil.

Alors, Loulou restait tout près comme s'il essayait d'enlever le mal. Au petit matin, quand il revenait finalement se coucher sur notre lit, je savais que la fièvre venait de tomber, que moi aussi je pouvais m'endormir rassurée.

Loulou aimait la nuit, surtout les nuits d'été et par-dessus tout celles de pleine lune. Pourtant, par une belle soirée d'été, chaude et de pleine lune justement, vers vingt-deux heures, je l'aperçus dans le lit de notre cadette, collé contre son visage. Loulou, dans la maison, par une nuit pareille? Je vais voir de près: la petite était brûlante de fièvre, et c'est Loulou le premier qui en avait eu connaissance et avait éveillé notre attention.

Moi c'est chat

Loulou était très obéissant. Devant une porte ouverte qu'on ne voulait pas qu'il franchît, il suffisait de dire: «N'y va pas, Loulou» et il s'arrêtait net. Mais si, par malheur, on lui fermait la porte au nez, il en était mortifié.

Un jour, il est entré dans la maison en ouragan, ayant escaladé les marches d'un bond, traversé en flèche les deux portes d'entrée ouvertes, ses pattes souillées (il pleuvait), oubliant la serviette-éponge. J'ai juste eu le temps de crier «Stop!» Il freina avec ses griffes, qui pénétrèrent le tapis. Des visiteurs témoins furent terriblement impressionnés par la scène et la réponse immédiate de Loulou.

Un incident me revient en mémoire. Quand le premier bébé naquit, mon mari décida que la boîte de sable de Loulou n'était plus hygiénique, que les chats devaient régler leurs affaires personnelles à l'extérieur. Loulou, à l'âge de sept ans, dut dont changer d'habitude dans ce domaine si délicat. De bonne grâce, comme il le faisait toujours, il s'y conforma. Néanmoins, un jour où il était seul enfermé à la maison, il fut pris de court... Nos vieux journaux étaient rangés derrière la porte de la cuisine; il en sortit une section, l'amena sur le carrelage de la cuisine... et laissa son gros cadeau dessus. Je trouvai ingénieux et hygiénique le geste de Loulou, qui en fut félicité.

Le chat a bonne mémoire des personnes affectueuses qui ont marqué sa vie. Dans la première jeunesse de Loulou, nous avions une locataire qui aimait les chats. Il avait ses entrées chez elle et, chaque soir, à une heure très précise et invariable, il se faisait admettre dans sa chambre pour qu'elle bénéficie de sa présence et de son attachement. Je perdis de vue cette personne pendant une dizaine d'années. Quand elle revint chez nous pour une courte visite, Loulou, si réticent envers les étrangers, ne se possédait pas de joie, se roulant à ses pieds, grimpant sur sa personne, le ronron sonore, le bonheur des retrouvailles bannissant cette réserve qui était la sienne et peut-être celle de toute sa race. C'est cela la fidélité des amours félines.

C'est encore chat

Loulou comprenait énormément de mots, ayant eu beaucoup de facilité à les apprendre, et il saisissait ce qui se disait de concret autour de lui, particulièrement sur ce qui le concernait. Avec l'âge, son intelligence se développa encore. Il était conscient de notre rythme de vie, des heures, des jours de la semaine. Il participait pleinement à toutes les activités de la maison et du jardin. Son ronron devint extrêmement sonore et son grand cœur toujours plus aimant.

Quand il nous quitta, vers l'âge de seize ans, il laissa un vide douloureux. Presque jusqu'à sa fin, ni dans son apparence, ni dans son comportement, il n'y eut de signes de détérioration visibles. C'était le Loulou de toujours, heureux, ronronnant, aimant, qu'on espérait éternel. Les reins pourtant étaient atteints, et en l'espace d'une semaine le choses se gâtèrent irrémédiablement. Je n'étais pas prête à son départ, pourtant j'ai consenti à me conformer au sage conseil du vétérinaire: pour Loulou, le mieux était de partir sans connaître l'agonie naturelle pénible, sans recours à la dialyse — disponible oui, mais cruelle pour l'animal.

Je le tenais bien fort, mon mari à côté de moi, tandis que tout son être relaxa dans la paix du départ. J'embrassai une dernière fois sa tête inerte et fis un signe de croix sur son front que j'ai tellement aimé.

Le soir de printemps où Loulou s'éteignit, Minouche, l'inconnue Minouche, quelque part au loin avait une dizaine de jours...

Patrick chat de passage

Que de chats errants ou perdus ai-je nourris, hébergés, cherché à faire adopter, annoncés «Trouvé...» et aussi — toujours avec un serrement de cœur — livrés à la SPCA. Secrètement, je souhaitais qu'il s'en trouvât un fait sur mesure pour nous, qu'on garderait.

Un 17 mars, par une bourrasque printanière de neige, des miaulements se firent entendre sous les marches du perron. À grand-peine on en extirpa un chat, un mâle castré à poil long, magnifique bien que sale, ébouriffé et décharné. Il avait de belles manières, visiblement habitué à une existence civilisée, et — ô miracle — nos deux chattes semblèrent très positivement intéressées.

Comme il se manifesta le jour de la Saint-Patrice, Patrick il devint pour nous. L'annonce «Trouvé...» parut et j'attendis, tout en me consacrant à remettre Patrick en un meilleur état.

Personne ne le réclama, mais un homme appela pour dire qu'il avait vu l'annonce et qu'il serait heureux d'adopter ce chat si nous ne retrouvions pas ses maîtres. Je ne promis rien, espérant vaguement que Patrick resterait chez nous. Mon mari n'était pas spécialement enthousiaste à l'idée de ce surplus. Il n'est pas un amoureux des chats, mais il s'est toujours montré complaisant et soucieux de leur bien-être. D'ailleurs, j'admettais, moi aussi, que trois chats c'est beaucoup, mais je tergiversais. L'homme appelait de temps en temps pour s'enquérir de Patrick. Ma fille cadette vint même d'Ottawa pour appuyer ma cause et celle de Patrick auprès de son père, ou bien, le cas échéant, m'aider à évaluer les chances de bonheur de Patrick chez cet inconnu qui parlait de l'adopter.

La raison prenant le dessus, je décidai de donner le chat, l'inconnu paraissant responsable et prêt à aimer Patrick. Et Patrick partit, pour demeurer loin, à l'autre bout de notre grande ville.

Quelques jours plus tard, j'appelai pour prendre de ses nouvelles: tout allait bien, le chat et son nouveau maître étant contents l'un de l'autre.

Environ une quinzaine plus tard, ce monsieur m'appelle, atterré, malheureux: Patrick était disparu. Il l'a cherché des jours et des jours, systématiquement, dans tout son quartier, sans succès. Il soupçonne qu'on le lui a volé... Ce chat était si beau...

Moi aussi je fus atterrée et de plus mal à l'aise. Patrick était resté chez nous trois bonnes semaines, sauvé de sa misère, répondant déjà à son nom de Patrick. J'avais le vague soupçon qu'il avait pu vouloir nous retrouver et s'était enfui dans ce dessein...

Durant des mois, j'ai guetté le retour de Patrick... Je ne le guette plus, mais je le regrette toujours.

CHAT-PITRE 7

La séparation

L'anticipation

En général le chat vieillit en beauté, garde ses facultés, sa vitalité, son comportement habituel, presque jusqu'au glas final. Le chien, lui, décline plutôt doucement, sur une période prolongée; on voit approcher, par étapes lentes, sa fin plus ou moins prochaine. Cela fait sans doute très mal de le voir amoindri, d'autre part cela prépare à l'issue inéluctable.

Si Minouche ne voyait pas sa qualité de vie amoindrie par les années, moi, je vivais les yeux rivés au calendrier, comptant avec appréhension les chandelles de ses gâteaux d'anniversaire. Était-ce son dernier?... Je ne veux pas dire que cette peur sous-jacente ait gâté la joie de nos relations. En découlaient plutôt une conscience plus nette de ce que Minouche représentait, une notion plus profonde et plus cernée de la place qu'elle tenait dans ma vie.

Quand elle réclamait ma présence et que j'étais prise par autre chose, volontiers j'abandonnais cette autre chose pour me consacrer à elle. Un jour (prochain?... encore éloigné?... pourvu que très éloigné...), Minouche ne serait plus à portée de main, à portée de voix, à portée de cœur. Nulle part dans la maison, nulle part dans le jardin si aimé d'elle. Nulle part pour l'atteindre, la toucher, goûter son regard...

Minouche fut, durant de longues années, très disciplinée, complaisante et docile. Quand je pris conscience de sa fragilité nouvelle, sa vie me devint encore plus précieuse. Je la ménageais, l'abritais de tout stress, comblais tous ses désirs. En chatte intelligente, Minouche savait en tirer profit, en abuser honteusement même, ce que je la laissais faire avec bonheur.

Ses deux dernières années, Minouche fut très bavarde, sans cesse expliquant, réclamant à hauts miaulements. J'ai appris à comprendre, moi aussi, son langage, et tout ce vacarme qu'elle savait faire me plaisait, comme tout le reste venant d'elle.

J'aimais quand elle se renversait sur mon lit, réclamant — à voix trop haute toujours, risquant de réveiller mon mari — ma tendresse, mes litanies chuchotées de mots caressants, flatteurs. Elle avait une manière à elle de plonger dans les couvertures tête première, son corps suivant avec un plouf sonore et lourd. Elle tombait ainsi toujours sur son côté gauche, à cause sans doute de sa patte engourdie par une prothèse, tandis que sa jambe droite, tendue toute longue et raide, prenait appui dans le creux de mon coude. Au milieu de cet abandon langoureux, Minouche me lançait de côté un regard furtif et inquisiteur pour s'assurer que j'étais vraiment disposée à lui consacrer quelques moments, pas trop brefs surtout et à elle seule. Elle aimait qu'on lui caressât le ventre, son ventre tout blanc, seule partie d'elle visible dans l'obscurité. Si ma main s'égarait dans la fourrure de son cou, entre ses oreilles, elle se servait de sa patte droite pour la ramener résolument vers son ventre... J'ai toujours attribué à ces massages répétés la fermeté du ventre de Minouche, dur comme du bois, et sa bonne forme en général. Ainsi je fus esclave de ma Minouche, esclave de ma tendresse pour elle, esclave de ma peur de la perdre un jour.

Tout chat a des fluctuations d'appétit parfaitement normales. Mes chats ont tous connu ce phénomène sans conséquence, même la gourmande Tasha. Avec Minouche, à chacune de ses pertes d'appétit, et elles étaient fréquentes, je devenais aussitôt inquiète. Je sais qu'elles sont le premier symptôme de toute maladie féline. Je gardais cette crainte jusqu'à ce que Minouche se remît à manger.

L'approche

Le jour vint où elle perdit vraiment l'appétit et sa vitalité et son intérêt aux choses habituelles. J'eus très peur. Les analyses confirmèrent ce que je soupçonnais: des troubles rénaux. Ce fut la diète, qui lui répugnait. Le vétérinaire essaya l'homéopathie: il y eut un mieux temporaire, mais la diète ne passait pas. Je commençai à l'alimenter à l'aide d'une seringue, d'aliments liquides préparés à la maison, selon la formule ordonnée par le vétérinaire qu'elle rejetait totalement. D'ailleurs, dans quel but la tourmenter? Pour la prolonger, au mieux, de quelques semaines? Minouche avait, jusque-là, eu une vie très heureuse, pourquoi l'assombrir par des jours de souffrance? J'avais depuis toujours promis que je saurais reconnaître et accepter le moment où, de tout mon amour pour elle, je voudrais lui épargner la souffrance inutile, lui procurer la paix libératrice: l'euthanasie.

Le bureau du vétérinaire de Minouche était fermé. J'appelai une autre clinique, très proche. On me répondit de me présenter quand je jugerais le moment venu, que je serais admise en priorité, une attention pleine de tact que j'appréciai.

Le déclin

Je vis Minouche décliner d'heure en heure. Quand elle se mit à tituber, à ne pas arriver à se mouvoir sans souffrance, ma décision fut prise… Je ne voulais plus attendre, plus espérer. Je ne pouvais surtout plus la voir souffrir…

Je n'oublierai jamais le trajet, Minouche serrée étroitement contre mon cœur… Ce qui fut des années, des mois, devenait des minutes, comptées une à une, qui fuyaient…

Le vide

Et les événements suivirent leur cours. Minouche n'est plus là, ni sur le lit la nuit, si confortable et si précieuse, ni le jour pour lire ensemble, ni pour miauler ses désirs, ses besoins, ses ordres… Ce qui fait le plus mal, ce n'est même pas cet égoïste besoin de sa présence, mais plutôt la conscience aiguë qu'elle ne sera pas là pour la joie du premier jour tiède de la saison, de la première herbe qui verdit au pied de ce mur et qu'elle mordillait d'année en année avec délectation…

Loulou, quant à lui, partit aux premiers jours d'avril. Ce qui me fut le plus difficile à accepter, c'est qu'il ait traversé ces longs mois blancs pour, au faîte, manquer son printemps.

CHAT-PITRE 8

À Minouche

Minouche a été endormie par un jeune praticien habile, délicat, compréhensif, à l'âge de dix-huit ans et huit mois.

Elle est morte dans mes bras, calme, paisible, sereine. Je l'embrassai. Je la bénis… Je la pleure.

CHAT-PITRE 9

Et la vie de chat continue

Il me reste Tasha. Le désarroi quelque peu dissipé… je me rabattis sur elle. Tasha se rétracta. Cette chatte que nous avons toujours traitée à tort de simple d'esprit, comment perçut-elle la disparition de Minouche? En était-elle seulement consciente?

Tasha commença par m'éviter ostensiblement, au moment où j'avais justement besoin d'elle. Lorsque je pénétrais dans la pièce où elle était installée, au bout de quelques minutes elle s'en allait dans la pièce à côté… Même procédé jour après jour. C'était blessant. Ensuite, elle émigra totalement au sous-sol: toute la journée, excepté de brèves apparitions pour les repas, et toute la nuit. Ceci dura deux mois.

Pourtant, au cours de cette période, un travail se fit en elle et en moi. Lorsqu'elle émergea du sous-sol, chatte unique, cible de toute mon attention, voire de toute ma tendresse, c'est une Tasha différente que je découvris. Cette simple d'esprit, avec la subtilité que tout chat possède, n'avait que trop bien su combien mon affection pour elle était relative, mon acceptation d'elle limitée. Dans cette méditation qui venait de durer deux mois, elle devait être arrivée à la vague conclusion que maintenant ce ne serait plus pareil, qu'un avenir plus prometteur l'attendait peut-être.

Le sous-sol n'est plus son gîte, sauf en cas d'orage! Tasha, toujours réservée de nature, mais plus souple, plus sûre d'elle, accepte enfin l'affection qu'elle détecte plus authentique, avec ses antennes sensibles de chatte. Elle a commencé même à réclamer mes attentions, à rechercher ma présence, et semble m'avoir finalement accordé sa confiance: elle se laisse faire, se laisse prendre, sans les éclats offusqués d'autrefois, si déroutants, mais continue toujours à éviter le contact direct.

Pas facile tout chat

En général, le chat aime et recherche le contact avec ceux qui ont son affection. Dès que je m'asseyais pour plus de cinq minutes, Loulou et Minouche étaient là, prêts à s'installer sur mes genoux. Si je m'allongeais, j'étais aussitôt clouée par le poids chaud, ronronnant, de Minouche. Le chat affectionne ce contact et la sécurité qu'il en retire, mais j'apprécie de mon côté sa confiance, son affection réservée aux privilégiés. Aimante, Tasha l'est, mais avec une marge de distance. Si je suis au lit seule, ayant l'autre moitié à sa disposition, elle va accourir prestement, s'y installer en ronronnant d'aise... mais à l'extrême limite, là où, même le bras tendu, je ne pourrai l'effleurer que du bout des doigts. Quand arrive mon mari, Tasha se met à battre de la queue avec force, à coups durs et répétés, signe de déplaisir chez elle. Elle quitte aussitôt le lit, où désormais il n'y aura plus suffisamment de place pour être à distance, et se retire dans la pièce voisine..

Par ces agissements, Tasha me rappelle Loulou, toujours à proximité de l'enfant dans son parc (ces parcs à barreaux remplacés aujourd'hui par du filet), mais à une distance habilement calculée pour que le petit bras, se tendant vers lui, ne puisse pas le déranger à l'improviste dans son sommeil: les chats détestent ce genre de surprises. D'une façon quasi sadique, cette distance était évaluée à quelques centimètres près, ce qui incitait bébé à répéter inlassablement ses tentatives de caresses. Une fois, notre aînée, âgée alors de sept à huit mois, essaya en vain d'atteindre ainsi Loulou. Saisissant alors un bâtonnet de couleur qui faisait partie de son jeu aux formes géométriques variées, elle réussit à le toucher, il serait plus juste de dire: à le cogner. Le chat sursauta, étonné par les ressources insoupçonnées du bébé et, mesurant d'un regard attentif la longueur de l'objet qui l'avait atteint, il recula d'autant sa position et subséquemment en tint compte.

Chaque fois qu'elle mesure d'un coup d'œil la distance entre elle et moi, Tasha me fait penser à Loulou et au bébé. Pourtant, le jour où elle vint chez nous, extraite à huit mois de son foyer précédent, et où je l'enfermai pour la nuit au sous-sol, à l'abri de l'hostilité possible de Minouche et de Blanche, elle pleura tellement que je descendis dormir auprès d'elle. Alors elle se blottit contre moi et retrouva son calme.

Tasha et son maître

Avec le temps, nous arriverons probablement, Tasha et moi, à une entente plus étroite. Mais cette chatte-là n'a malheureusement pas le calibre de Loulou ou de Minouche pour établir une relation de compréhension, de dialogue et d'affection mutuelle profonde.

Mon mari a toujours été bon pour chacun de nos chats mais, bien entendu, il eut ses préférences. Durant les dix-huit dernières années, Minouche en avait détenu le monopole. Pondérée, réfléchie et sûre d'elle, avec son esprit vif et ses gestes lents, elle faisait par contraste paraître Tasha plus impulsive, écervelée et irrésolue qu'elle ne l'est en réalité. Une telle attitude agace facilement, à moins que l'on possède une mansuétude illimitée pour la gent féline.

Peut-être sans cervelle mais non sans intuition, Tasha devine vaguement qu'à moins de devenir aussi brillante que Minouche, son crédit auprès du maître ne pèsera jamais bien lourd: d'où son attitude incertaine en face de lui. Elle s'esquive, plutôt que de s'imposer.

CHAT-PITRE 10

Entre chats et moi

Il y a ceux qui ont la passion des chats, ceux qui en ont la phobie, ceux qui y sont allergiques... Rares sont ceux qu'ils laissent indifférents.

De mon côté, j'ai le privilège d'appartenir à la première catégorie. J'admets honnêtement que ceux dont je fais partie sont souvent excessifs dans leur amour. Les chats me rendent parfois d'une irrationalité effarante. Ne trouvant aucune explication satisfaisante, je prends le sage parti d'accepter la chose. Cet esclavage dans lequel le chat me tient vient de cette passion non pas acquise par aucune circonstance extérieure, mais plutôt transmise héréditairement. L'amour envers le chat chez moi est inné.

Ces gènes me viennent du côté paternel, et il semblerait que je les ai transmis à nos deux filles, aujourd'hui encombrées chacune de trois chats. J'avais quatre ans lorsque mon père, un monsieur très important, apporta, une fois, deux fois, plusieurs fois un chat perdu à la maison. Ces chats demeurent vagues dans mon souvenir. Je me rappelle, oui, leur apparence: l'un noir et blanc comme Minouche, l'autre gris. Un seul fait ressort du passé: le noir et blanc aimait à s'installer dans la maison de poupées, où il prenait toute la place, que je lui laissais déjà volontiers.

Plus tard, il y eut Mimi, que j'aimai d'une passion exclusive jusqu'à notre cruelle séparation. Longtemps après — j'avais six ou sept ans — je m'adressais des lettres que je prétendais venir de Mimi, et que je gardais religieusement, la nuit, sous mon oreiller.

Devenue adulte, je me rendis compte très tôt que je ne savais pas vivre sans chat: vint alors Loulou...

De nos jours, surtout en milieu urbain, la race féline se répand sans mesure, même au détriment du chien qui, lui tout autant que l'enfant, a été victime de l'éclatement de la famille.

Le chat s'accommode avec souplesse de tout genre de vie. Il prospère dans les immeubles de location où il est toléré contrairement au chien, dans les tours d'habitations où l'altitude ne l'effraie pas. Compagnon idéal des personnes seules, des familles monoparentales, il ne s'offusque pas d'être esseulé à longueur de journée, parfois même une fin de semaine s'il est bien pourvu de tout le nécessaire. Exigeant peu de soins, il est le compagnon rêvé des personnes âgées, dont il meuble souvent la solitude. Il est discret, propre et fidèle et occupe un minimum d'espace (le chat reste immobile les quatre-cinquièmes de sa journée; le chat âgé: vingt heures sur vingt-quatre). Une seule chose lui est essentielle: l'affection. À défaut, il peut dépérir rapidement, sans autre raison.

Versées comme nous le sommes, mes filles et moi-même, sur la question du confort félin, il nous est facile de gâter le chat même en des circonstances apparemment adverses. Notre fille cadette vécut un certain temps au onzième étage, avec trois chats heureux! Sur son balcon, elle avait aménagé un espace grillagé de tous côtés, auquel on accédait par l'ouverture prévue pour le climatiseur, qui avait été chassé. À l'intérieur, les chats disposaient de grosses branches d'arbre, de pots d'herbe, de paniers pour leur sieste et d'un tapis au sol. Ce n'est pas l'équivalent d'un jardin mais, à l'aide d'un peu d'ingéniosité, c'est un bon substitut.

CHAT-PITRE 11

Les a priori

S'il est de plus en plus apprécié, le chat n'en demeure pas moins entaché par les préjugés qui foisonnent encore à son égard, séquelles du Moyen Âge.

Ce qu'on dit c'est pas chat

Quand quelqu'un est possesseur d'un chien, on le gratifie d'être bon, sensé, responsable, pratique. S'il avoue posséder des chats, il se heurte à la question péjorative: «Pourquoi des chats?», à l'incompréhension: «Le chat est stupide, hypocrite, chacun le sait...», ou même à la condescendance: «Enfin, chacun ses goûts...».

Le chat est **stupide**? Toutes mes expériences crient le contraire!

Le chat est **hypocrite**? Il est plutôt subtil, très subtil, et désire qu'on le soit avec lui, qu'on devine ses désirs, ses besoins, ses humeurs, et qu'on les respecte. Alors pas de coup de patte inattendu, pas de sifflement de colère blessant. Jamais, au grand jamais, je n'ai reçu de coup de griffe d'aucun de mes chats, à l'exception bien sûr des chatons jouant, inconscients du pouvoir agressif dont ils disposent au bout de leurs pattes agiles.

Le chat est **indépendant**? Même pas, plutôt individualiste. Il suffit d'avoir vu le regard de ces chats errants perdus dans un univers qui leur est hostile. Ils lèvent vers vous des yeux craintifs, où pointe un espoir incertain d'être secourus, d'être accueillis et acceptés. Eux aussi voudraient dépendre d'une certitude, d'une affection. Par goût, le chat est solitaire, il ne recherche jamais, évite même, la compagnie de ses semblables. J'ai lu quelque part que le véritable ennemi du chat n'est pas le chien mais un autre chat. Rien de plus vrai. Blanche et Lucyfon, Minouche et Blanche, Tasha et Minouche ont su me le dire. Tasha a pour voisine, depuis des années, une chatte qui est toute douceur, toute beauté. Elles s'évitent soigneusement l'une l'autre, mais si le hasard les met face à face, elles se crêpent le chignon sans merci. C'est vrai, il n'y a peut-être aucun autre remède, devant deux chats antagonistes, que de les laisser le trouver eux-mêmes.

Il existe une exception pour les petits d'une même portée. S'ils sont demeurés ensemble jusque dans l'âge adulte, ils vont être inséparables, avoir l'un pour l'autre une affection de jumeaux. D'un autre côté, ils s'attacheront moins à l'homme, leur *alter ego* aura priorité. Lorsque l'un part, il laisse malheureusement l'autre désemparé. Encore quelque chose qui ne diffère pas tellement de nous!

Le chat est **égocentrique**? Oui, et c'est tant mieux. Le chat surveille ses intérêts avec beaucoup de discernement, connaît et recherche ce qu'il désire, ce qu'il aime. C'est sa sagesse de chat méditatif qui lui dicte sa conduite, qui lui enseigne la douceur de vivre. Je trouve cela particulièrement précieux à contempler, à côtoyer. C'est grâce à cette attitude qu'il est à son tour relaxant, apaisant, par son silence, par sa placidité et par son ronronnement envoûtant. Son pas imperceptible, son corps ondoyant, ses mouvements gracieux sont des éléments de paix dans une maison.

CHAT-PITRE 12

Un chat heureux... c'est chat

Minouche m'a beaucoup enseigné: la confiance illimitée,
exempte de doutes, d'inquiétude, la foi sans faille, sans hésitation, devant l'issue certaine de ses demandes, de ses requê-
tes, la foi en l'amour dont elle est l'objet et la capacité de
donner et de recevoir cet amour qui fait son bonheur.

Une qualité que personne ne dispute au chat, c'est sa
propreté. Un chat en santé n'a aucune odeur corporelle, jamais.
Après chaque bouchée une langue rose, longue, ondoyante,
nettoie méticuleusement son museau, son minois et ses mains
de chat. Après une visite à sa boîte de sciure ou de sable, il
s'offre encore une séquence de nettoyage en règle. Trois fois

par jour au moins, le chat fait une toilette complète de toute sa personne. Un chat heureux se lave régulièrement. C'est pour lui une jouissance, une nécessité vitale aussi, grâce aux vitamines qu'il cueille dans sa fourrure. Le poil en sort humide, doux et lustré en même temps. La formule simultanée shampoing-revitalisant-rinçage a été inventée par le chat. En sus de cette routine, il y a les nettoyages occasionnels, dictés par les contacts subis.

Bien sûr, le chat laisse échapper des poils. Il s'agit de le brosser chaque jour; il adore ce rituel — et moi aussi, sachant combien il compte sur ces soins gratifiants qui lui apportent un bien-être immédiat. Pour moi, ce brossage de Minouche, de Tasha, est toujours un arrêt bienvenu au matin de ma journée; il m'incite à la réflexion et m'apaise. Par grandes chaleurs, le chat se dévêt à longueur de journée: je le peigne et le brosse alors plus souvent, pour enlever le poil mort qui l'encombre et aussi, bien sûr, pour protéger mon intérieur.

Tandis que je relis une partie de ces pages, installée sur le divan du salon, les feuilles soigneusement étalées autour de moi, Wiourek apparaît dans la fenêtre, à ma gauche. La plupart des écureuils se tiennent debout, les deux poings pressés contre leur cœur, et espèrent patiemment attirer le regard. Wiourek, lui, se lance aussitôt sur le grillage et fait le vacarme approprié qui va me faire venir à lui, même de loin. D'ordinaire, je réponds avec empressement mais cette fois-ci je n'ai pas envie de bousculer ma paperasse. D'ailleurs, il a déjà eu sa portion de gâteries. Le voilà pourtant à mes pieds, surgissant de derrière la porte du sous-sol, à ma droite, restée ouverte. Il a dû entrer par une fenêtre du sous-sol au grillage repoussé, et a su trouver son chemin jusqu'à moi. Il a beau être apprivoisé, nous ne le laissons pas courir dans la maison, pour cause... disons d'incontinence notable. De le voir ainsi à mes pieds, je capitule, admirant sa débrouillardise. Il n'y a pas que les chats qui soient intelligents!

Je gâte les écureuils comme je gâte mes chats. Mais est-ce vraiment les gâter que de leur fournir les conforts qui rendent leur vie plus agréable et plus heureuse? Est-ce trop, ces chaises de jardin ombragées, ces carpettes à l'entrée, ce café-terrasse pour Minouche? Pour Blanche qui aimait voir, entendre, sentir la pluie autour d'elle, tout en restant à l'abri sous la petite table de jardin recouverte de plastique transparent juste pour elle... était-ce vraiment trop? Regardons-nous donc, avec nos patios, nos jardinets encombrés de meubles de luxe, de parasols aérés, de chaises longues aux matelas épais, aux positions ajustables, tel un lit de malade! Nos grands-parents s'ombrageaient de feuillage et relaxaient, raides dans du rotin... Pourquoi nos félins domestiques ne seraient-ils pas cobénéficiaires de notre inventivité moderne?

Cette possibilité que nous avons de rendre notre chat heureux contribue largement à la joie qu'il nous donne. Le chat — quand je dis «chat», je pense malgré moi «Minouche» — sait montrer son appréciation, sa gratitude. Minouche, pour une porte ouverte, pour une fenêtre qui la laissait se glisser vers l'intérieur, savait lever vers vous un regard riche d'expression ou bien lancer un bref «miou» de politesse. La gratitude du chat s'exprime aussi dans son obéissance, si réfléchie, si volontaire.

Il ne se laisse pas télécommander par l'homme, il obéit parce qu'il le veut bien. Souvent, un long moment s'écoule entre l'ordre donné et son exécution. On sent très distinctement que le chat se concentre sur la situation, consentant à obéir, oui, mais préoccupé de ménager son amour-propre, de donner l'impression que l'initiative vient de lui seul. J'ai toujours respecté ce subtil débat de conscience.

Il y a pourtant des limites à nos capacités humaines de le rendre heureux. Loulou me croyait toute-puissante et ne voyait pas d'empêchements à mon désir de lui complaire en tout: sortant sur le perron par pluie battante, il se tournait vers moi, me regardait dans les yeux, me demandant clairement d'arrêter la pluie!

Cela touche mon principal problème à l'égard du chien. De le voir quémander, la convoitise peinte sur son visage, à chaque repas que l'on prend, à chaque friandise que l'on goûte, et de devoir l'ignorer, cela me rend coupable, malheureuse. De même, chaque fois qu'on enfile un chandail, qu'on change de chaussures, le chien espère aussitôt une promenade! Et de le décevoir... me frustre. J'en souffre autant et plus que lui sans doute.

Le chat est capable d'une fixation affective très exclusive et d'un lien d'autant plus puissant qu'il est unique. Cet attachement va de pair avec un rejet de toutes les autres personnes et une timidité peureuse devant les inconnus. Pour un tel chat, un problème crucial se pose si l'objet de cette fixation devait disparaître de sa vie. Colette appelait ce type de chat le chat-tyran par opposition au chat familial. Ce dernier s'attache à un ensemble de facteurs domestiques qui constituent son univers propre, le milieu où il se sent bien, heureux. Si un autre milieu analogue devait être substitué au premier, où le chat jouirait de soins, de conforts semblables, où surtout il sentirait à son endroit une bienveillante acceptation, il s'y habituerait peu à peu et l'accepterait éventuellement. Ces chats existent, et c'est leur caractère, et non le milieu dans lequel ils ont grandi, évolué, qui les rend tels. Ces chats-là sont transplantables si la nécessité se présente.

Le chat-tyran est infiniment malheureux s'il doit être séparé de la personne avec laquelle il a développé entente et compréhension. Tout ce registre de rituels, de paroles significatives, de situations connues et anticipées, de routine immuable qui le lie d'une façon définitive, étroite, profonde, unique et permanente ne peut pas se retrouver dans un autre milieu avec une autre personne. C'est avec le temps que vient cet attachement-là. Un animal jeune ne fait pas nécessairement partie d'aucune de ces deux catégories, et son cas a ses propres nuances. Ainsi, nos chats domestiques, soignés, aimés, gâtés même, peuvent se différencier foncièrement.

Pour nous qui aimons nos chats, le grand problème est celui d'assurer leur avenir après notre disparition.

Pour ma part, j'ai rédigé et signé un document en due forme demandant à mes filles, si le cas se présentait, de décider de l'avenir de mon chat, ou de mes chats, et d'opter pour la solution la meilleure visant leur bien-être. Cette décision devra être prise en tenant compte du caractère du chat, ou de chaque chat, et de son degré d'attachement, plutôt que de son âge. Si la solution la meilleure s'avère être l'euthanasie, je les prie de ne pas hésiter à y recourir en s'adressant à un vétérinaire responsable.

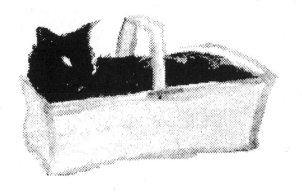

Épilogue

Au cours de son existence relativement brève — heureusement de plus en plus longue, de nos jours —, le chat nous apporte une somme infinie de joies, de bonheurs, de moments chauds, de souvenirs gais qui nous hanteront toujours. Je ne doute pas un seul instant que, dans le royaume d'amour vers lequel nous nous dirigeons tous, il y aura aussi place pour l'amour d'une Minouche.

Postface

Que dans l'accélération délirante de l'époque où nous vivons, il se trouve encore des gens comme Mme Ina Makarewicz, auteur de ce livre, pour s'attarder à écrire de belles choses sur les chats, c'est déjà tout un événement!

Si j'étais un homme, je ne pourrais pas m'empêcher d'applaudir à deux mains la publication de cet admirable ouvrage. Mais je suis un chat... et nous, les chats, nous avons d'autres moyens de montrer notre joie, des moyens que ceux qui vivent avec nous savent bien reconnaître. Qu'un humain parle «chat», c'est bien. Permettez qu'un chat profite de cette occasion pour parler «humain».

Je me présente. Je suis un chat. Un abyssin. Un mâle... et bien dans ma peau. Je me demande d'ailleurs si le fait d'être mâle, dans ma condition, ça ferait une grande différence avec une femelle. Je suis châtré. Un chat... châtré. Il m'a fait opérer sans me demander mon avis. Il avait entendu dire que les mâles, devenus adultes, avaient l'habitude de marquer leur territoire et que, règle générale, ça laissait des traces qu'il n'aurait pas trouvées odoriférantes. Personnellement, je crois qu'il aurait dû attendre au moins que j'aie l'âge adulte. Juste pour voir. Parce que, connaissant les chats comme il les méconnaît...

Il avait aussi entendu dire qu'à certaines époques, les mâles non opérés ont la fâcheuse habitude de courailler. C'est d'un vulgaire! Tous les chats savent qu'en ce moment les hommes doivent se tenir tranquilles s'ils ne veulent pas choper une saloperie; ils pensent sans doute que nous, les chats, on court le même danger. Simpliste et dépassé. Quoi qu'il en soit, pour moi, la promiscuité qui pousserait au marivaudage, c'est râpé pour de bon. Je ne connaîtrai jamais les joies de la paternité ni les ébats folâtres et érectogènes, dont les hommes et les femmes pourtant ne semblent pas se priver. Je suis condamné à vie... à la chasteté. La passion amoureuse et les aspects criants de l'amour physique - cet opium des hommes et de leurs compagnes - ce n'est pas pour moi. J'ai une feuille de vigne vissée là en permanence...

Il m'a baptisé du nom de Papouchkine, dont l'abréviation qu'il utilise quotidiennement est Papou. Je ne sais pas très bien s'il m'a donné ce nom pour me suggérer de lui prodiguer des papouilles ou si c'est à cause d'une malheureuse expérience qu'il a vécue avec le chat qui m'a précédé, une siamoise qu'il avait dotée du nom de Crapule. Franchement ridicule!

Pour autant qu'il m'en souvienne, un jour, Crapule est tombée malade. Il faut savoir que Crapule, contrairement à ce que pourrait faire croire son appellation, avait beaucoup de moralité et ne se serait rendue coupable d'aucune bassesse. Il la conduisit donc chez un vétérinaire. Après avoir établi un dossier au nom de Crapule Stanké, la réceptionniste lui demanda d'aller s'asseoir dans une salle d'attente bondée d'humains et de mes congénères. Quand le moment fut venu de passer dans le cabinet d'auscultation, la jeune fille, étincelante de sarcasme, le fit savoir en lançant un vibrant:

- Crapule Stanké... c'est à vous! Crapule Stanké!

Elle n'était pas obligée de répéter mais, comme elle avait remarqué que ça le troublait et que les gens étaient tordus de rire, elle a remis ça... Il avait la bouche ouverte grand comme un disque compact. Il s'est contenté d'émettre un grognement qui n'avait d'humain que l'apparence. Et la tête qu'il faisait, je vous dis pas! Il déteste se faire remarquer en public. Il aurait dû choisir un autre métier...

Je dois avouer que, règle générale, on fait bon ménage, lui et moi.

Il ne me donne pas toujours ce que je veux mais j'ai mis au point des moyens qui, plus souvent qu'autrement, mine de rien, me permettent d'atteindre mes buts. Finalement, je crois qu'il n'a pas beaucoup de caractère. Il doit être faible de nature parce que je finis toujours par l'avoir à l'usure.

Je dois admettre qu'il n'est pas très facile à vivre. Il bouge sans cesse et remue beaucoup de poussière. Il n'est jamais tranquille à ne rien faire. C'est étourdissant. Lui qui lit beaucoup - il bondit sur tout ce qui est imprimé -, il devrait lire Erich Fromm et L'art d'aimer, il se rendrait peut-être compte de l'urgence qu'il a d'être seul avec lui-même, sans rien faire: sans lire, sans écouter de musique, sans boire ni fumer. En somme, de faire... le chat. L'habileté à vivre ainsi est une condition essentielle à l'habileté à aimer. Il ne saura jamais s'il n'apprend pas à se comporter comme les chats.

Il pourrait prendre exemple sur moi. Moi, je m'étire, je me love devant lui. Je relaxe. Je dors dans un total abandon. Il pourrait m'imiter. Ça lui ferait du bien... Pensez donc! il se croit plus malin. À son âge, il devrait pourtant songer à décrocher un peu. C'est bien simple des fois il me donne le tournis. Je souhaite qu'un jour il finisse par être vrai, totalement vrai comme un chat. Quand ça viendra, il sera peut-être tout courbé, tout tordu, il aura beaucoup de rides, des douleurs aux articulations et les cheveux blancs. C'est drôle mais nous, les chats, on ne blanchit pas autant avec l'âge. De toute façon, quand on est vrai, on n'est jamais laid, sauf pour les gens qui ne comprennent rien à la beauté du vrai.

Quand il mange, il ne mange jamais ni ce que je mange ni là où je mange. Moi, je mange dans une auge (en céramique) posée par terre, tandis que lui, c'est sur une table style réfectoire (une antiquité), où il m'interdit d'ailleurs de monter. Lorsque je fais semblant d'avoir oublié sa consigne (un oubli que je m'efforce de rendre aussi quotidien que possible) et que je fais une tentative pour grimper à hauteur de son assiette, il prend un air de gardien de prison et me réprimande. Je baisse légèrement les oreilles, sors mon œil de velours et prends un air attristé. Je sais que ça le dérange. Il détourne vite son regard pour éviter de se sentir coupable. Je laisse passer un moment puis, vadrouilleur et langoureux, je reviens me frotter amoureusement à ses jambes. Rongé par la culpabilité du supérieur, il consent alors, très magnanime, à laisser tomber pour moi un petit morceau de steak ou une minuscule portion de poulet. Si j'en veux d'autre, il me suffit de ronronner. Si c'est bon, j'en redemande. Et quand j'en veux davantage encore, je démarre mes moteurs 747 et le tour est joué. Je lui permets ainsi de garder sa dignité et de croire qu'il n'a pas enfreint son règlement, qu'il a d'ailleurs établi, vous vous en doutez bien, sans me consulter.

Pour lui, c'est une question d'éducation. Les hommes et les animaux ne doivent pas manger la même chose ni vivre sur le même niveau. Moi par terre, lui sur la table: c'est vaudevillesque! Il tient sûrement ces principes de sa vieille mère. Une mère poule. C'est d'un triste... Heureusement que ma mère chatte n'était pas une mère chatte poule et qu'elle m'a laissé devenir indépendant très jeune!

Je ne désespère pas de refaire son éducation. Ça prendra le temps que ça voudra. C'est connu, nous les chats, on a une patience que les hommes n'ont pas. J'ai tout mon temps! J'ai sept vies à vivre et je n'en suis qu'à ma première. Il n'y a pas péril en la demeure.

Ce qui m'agace encore chez lui, c'est qu'il voudrait que je lui obéisse au doigt et à l'œil. C'est d'un exquis mauvais goût! Lorsqu'il m'appelle, il s'imagine que je devrais venir sur-le-champ. Je ne suis pas un chien! Je viens quand ça me chante et si c'est pressant. Je ne suis pas là uniquement pour satisfaire ses moindres caprices ou ses manques de tendresse. Monsieur veut une caresse, monsieur me siffle et je devrais accourir? Ça va pas la tête? Et le respect de l'autre alors? Mais enfin l'erreur est... humaine!

Moi, quand j'ai besoin d'une petite marque d'affection, je n'hésite pas à le faire savoir. Je m'approche lentement de lui et je déploie mon potentiel de chatouilles. Je le cajole. Tous les chats le savent, faut savoir donner un peu pour recevoir beaucoup. S'il est disposé à m'en donner, il se met à me caresser, s'il a la tête ailleurs et qu'il est imperméable à la flatterie (ce qui lui arrive assez fréquemment en ce moment), bonjour la visite, va te promener, le chat!

D'ailleurs, je le trouve assez agité ces jours-ci. Je ne sais pas si c'est son travail (il travaille dans les mass mediocra) qui lui donne des soucis ou si ce sont ses problèmes personnels, mais je le sens tendu, angoissé. C'est beaucoup plus évident au lit. Je peux en parler parce qu'il partage le mien. Il prend d'ailleurs toute la place. Et quand il lui arrive de faire de l'insomnie, c'est insupportable. Il ouvre la lumière et lit pendant des heures. Des livres, des manuscrits. Chez lui, c'est une manie: il est papivore.

Ce qui me déplaît, c'est qu'il refuse de me laisser aller dehors. Quand je parviens à tromper sa vigie et réussis à me sauver dans la nature, ça le met dans un de ces états... Il m'appelle, me fait miroiter monts et merveilles, me présente de la nourriture gastronomique - ce qui me change, soit dit en passant, de cette infecte et sempiternelle pâtée en boîtes. Je ne supporte pas. C'est simple, je préfère jeûner. Faut dire que, dans le passé, mes grèves de la faim n'ont pas été vaines. Craignant que je devienne anorexique, il a fini par me dénicher de la nourriture sèche qui, en plus d'avoir du goût, contient des protéines brutes, de l'acide ascorbique, de l'acétate de vitamine A, du pantothénate de calcium, du chlorydrate de pyrodoxine et, ce qui n'est pas à dédaigner, du bisulfate de ménadine diméthylpyrimidinol, qui est, comme tous les chats le savent, une grande source de vitamine K.

Lorsque je reviens à la maison, après une balade - dérobée subrepticement - dans la nature, je vais dans ma litière rendre à ma vessie sa vacuité primitive. Tous les chats trouveraient ça normal mais lui, ça le vexe. Il ne comprend pas pourquoi je ne me soulage pas dehors. Il ferait des économies sur la litière. Je trouve ça contradictoire parce qu'il prétend être préoccupé par l'environnement. Allez donc y comprendre quelque chose! Mais je ne m'en fais pas trop. Je me dis qu'un jour ce problème trouvera, lui aussi, son... épongeage.

De toute façon, il ne veut absolument pas que je me promène dehors. Je l'ai entendu le dire à ses amis! Il a peur que je me fasse écraser par une automobile ou qu'on me vole. Qu'est-ce qu'il ne faut pas entendre! Il a dû lire ça dans les astres! Prudent comme je suis, moi, me faire écraser? Faudrait pas me prendre pour un homme. Je tiens à ma peau autant que lui à la sienne. Quant à me faire kidnapper, j'avoue que le danger ne serait pas totalement exclu parce qu'il semble que les représentants de ma race soient très haut cotés à la bourse humaine. Il est évident que je n'hésiterais pas à me faire enlever si je voulais changer de foyer mais, pour le moment, je suis assez bien chez lui pour ne pas songer à changer d'adresse.

Parfois, il décide d'habiter dans une grande cage mobile partiellement vitrée, instable, inconfortable, bruyante et munie de cinq roues. Une de ces roues, la plus fine, lui sert à s'agripper pendant que la boîte se déplace. Quand il est à l'intérieur, il peste sans arrêt contre d'autres boîtes. Il doit être maso parce qu'il y retourne sans cesse! Lorsqu'il part en week-end, j'y ai droit, moi aussi. Il me place d'abord dans une cage plus petite, dépourvue de roues, qu'il installe dans la sienne. Ça doit être une lubie. Le pire, c'est que je ne peux ni me sauver ni me cacher. Et pendant tout le trajet, en plus de subir sa mauvaise humeur, je dois supporter les décibels de son horrible musique. La dernière fois que je l'ai accompagné à la campagne (deux heures de cage mobile), il m'a laissé en liberté surveillée pendant une heure. J'en ai profité pour consommer quelques herbes médicinales, faire la chasse aux papillons et observer les oiseaux. Ce jour-là, un petit chardonneret, un étourdi sans doute, tomba du nid. Je vous jure que je n'y étais pour rien. Je n'ai pas de griffes. Je ne peux pas monter aux arbres. Même avec la meilleure volonté du monde animal, je n'aurais pu le remonter chez lui. Alors, je l'ai ramassé et, avec beaucoup de précautions, je l'ai apporté à la maison. Je l'ai posé délicatement à ses pieds, j'ai miaulé pour qu'il le regarde et j'ai attendu. Je n'ai plus retouché à ma trouvaille, parole de chat. Je sais, je sais, j'aurais pu jouer avec ou même m'en faire un petit goûter mais c'est vraiment pas mon style. Je pense que tout le monde a le droit de vivre. Depuis cet incident, j'ai un admirateur de plus: c'est l'oiseau! Quant à lui, même s'il a été épaté par mon sauvetage, je crois qu'il m'en veut un peu. Figurez-vous que, après avoir consulté un ornithologiste, maintenant il est forcé de nourrir le petit, toutes les deux heures, avec des mouches et des vers de terre qui lui lèvent le cœur... Je rigole! Je me demande ce qu'il va faire quand je lui rapporterai une souris...

Oh! je ne vous l'ai pas dit mais, contrairement à la légende qui veut que les chats craignent l'eau, moi j'adore. Original, non? C'est mon bag à moi. Sur ce point, je suis très in. *Pas barjo. Je prends le bain avec lui! C'est le pied. Je m'éclate. Oui, je plonge, je nage, je suis heureux comme un poisson chat dans l'eau. J'ignore ce que ce trait a d'exceptionnel. Tout ce que je sais, c'est qu'il en parle à tout le monde. Ça lui fait un sujet de conversation. C'est son prêt-à-parler pour épater. Lui, il aime l'air. Moi, c'est l'eau, et puis après? On a le droit de ne pas être comme tout le monde!*

J'ai compris que, dans le passé, lorsqu'il jouait avec Crapule, elle lui apportait la balle sur commande:

- Allez, apporte. Gentille petite chatte!

C'est d'un vulgaire. Je ne supporterais pas. Quand il joue à la balle avec moi, s'il la veut il se l'apporte lui-même. Il m'arrive même, histoire de remettre les choses à leur place, de me la faire apporter par lui. Et pourquoi pas? Ça lui fait faire de l'exercice. C'est bon pour son embonpoint. Il a grossi dernièrement. Je le sais parce qu'il se pèse plus souvent que d'habitude. Un jour, je l'ai même vu rentrer son ventre. Pour peser moins lourd?

Je me demande pour quelle raison il m'a fait dégriffer. Ça, c'est réellement insensé. Pour ne pas que j'abîme ses affreux fauteuils du salon peut-être? Il a entendu dire que les chats qui vivaient à l'intérieur n'avaient plus besoin de leurs griffes. Les hommes n'ont d'opinion ferme que sur les sujets qu'ils connaissent mal...

Cela dit, j'aurais pu tomber sur pire.

Tout compte fait, malgré ses gros défauts, je m'habitue. Pire, je crois que je l'aime. Lui aussi d'ailleurs. Bien sûr, entre nous tout n'est pas parfait, mais je suis sûr que, comme les bons couples, on va s'améliorer en vieillissant.

Je veux toujours être là pour lui, comme lui pour moi.

Dieu merci! entre les chats et les hommes, le divorce n'existe pas!

(Papouchkine)

Table des matières

La collection PARCOURS

dirigée par Josette Ghedin Stanké se compose de livres qui nous changent parce qu'ils nous marquent.

MÉDECINES NOUVELLES

• **La guérison ou Quantum Healing**
> Dr Deepak Chopra
Une œuvre inspirante qui replace la guérison aux confins de la science et de la conscience.

• **Laissez-moi devenir**
> Dr Gilles Racicot
Une approche révolutionnaire : les racines du droit à vivre de l'enfant explorées dans le dialogue père-mère-fœtus dès le début de la gestation.

• **La ménopause**
  Guide pour les femmes et les hommes qui les aiment
> Dr Winnifred Berg Cutler
> Dr Calso-Ramón García
> Dr David A. Edwards
Le livre le plus à jour sur cette étape dans la vie d'une femme.

• **Ostéoporose**
> Wendy Smith
Comment la prévenir et la freiner.

• **Syndrome prémenstruel**
> Dr Michelle Harrison
Un moment de déprime que l'on peut vaincre.

• **Image de soi et chirurgie esthétique**
> Dr Alphonse Roy
> Sophie-Laurence Lamontagne
Un ouvrage critique et documenté à consulter avant de décider de se transformer.

VIVRE AUTREMENT

• **Vivre la santé**
> Dr Deepak Chopra
Comment agit la pensée qui rend malade et comment elle guérit.

MUTATION

- **Un dernier printemps**
  June Callwood
  Une expérience initiatique de soins palliatifs en privé d'une rare générosité.

- **Sida, un ultime défi à la société**
  Dr Elisabeth Kübler-Ross
  Le sida comme révélateur de solidarité humaine et sociale. Livre bouleversant et digne.

- **Le syndrome postréférendaire**
  Collectif
  Témoignages d'un non-dit au-delà des convictions. Se lit dans l'émotion et l'intelligence.

- **L'inceste dévoilé**
  Jocelyne Boulanger
  Ce que le silence a blessé, ce témoignage le remet en vie pour une guérison contagieuse.

- **L'amour ultime**
  Psychologie et tendresse dans la traversée du mourir
  Johanne de Montigny
  Marie de Hennezel
  Avec la collaboration de Lise Monette
  L'expérience des auteurs, puisée dans la pratique quotidienne de l'accompagnement des mourants, nous fait pénétrer l'importance du travail psychique en fin de vie.

Ce livre est imprimé sur
du papier contenant plus
de 50% de papier recyclé
dont 5% de fibres recyclées.

Achevé   Imprimerie
d'imprimer Gagné Ltée
au Canada Louiseville